金銘與石刻

辛德勇

读书随笔集

生活·讀書·新知 三联书店

图书在版编目（CIP）数据

金铭与石刻／辛德勇著. —北京：生活·读书·新知三联书店，
2021.1
（辛德勇读书随笔集）
ISBN 978 – 7 – 108 – 06981 – 8

Ⅰ. ①金… Ⅱ. ①辛… Ⅲ. ①金文－中国－文集②石刻－中国－文集
Ⅳ. ① K877.4-53

中国版本图书馆 CIP 数据核字（2020）第 202116 号

责任编辑　张　龙
装帧设计　薛　宇
责任校对　陈　明
责任印制　徐　方
出版发行　**生活·讀書·新知** 三联书店
　　　　　（北京市东城区美术馆东街 22 号 100010）
网　　址　www.sdxjpc.com
经　　销　新华书店
印　　刷　河北鹏润印刷有限公司
版　　次　2021 年 1 月北京第 1 版
　　　　　2021 年 1 月北京第 1 次印刷
开　　本　880 毫米 × 1230 毫米　1/32　印张 8.25
字　　数　164 千字　图 63 幅
印　　数　0,001 – 6,000 册
定　　价　59.00 元
（印装查询：01064002715；邮购查询：01084010542）

作者近照（黎明 摄影）

辛德勇，男，1959年生，北京大学历史学系教授，北京大学古地理与古文献研究中心主任。主要从事中国历史地理学、历史文献学研究，兼事中国地理学史、中国地图学史和中国古代政治史研究，主要著作有《隋唐两京丛考》《古代交通与地理文献研究》《历史的空间与空间的历史》《秦汉政区与边界地理研究》《建元与改元：西汉新莽年号研究》《旧史舆地文录》《石室滕言》《旧史舆地文编》《制造汉武帝》《祭獭食蹠》《海昏侯刘贺》《中国印刷史研究》《〈史记〉新本校勘》《发现燕然山铭》《学人书影（初集）》《海昏侯新论》《生死秦始皇》《辛德勇读书随笔集》等。

图一 齐阜昌七年（1136）石刻《禹迹图》传世拓片

图二　《开成石经》之《周易》局部

图三　东汉《袁安碑》拓片

司徒公汝南女陽袁安召公授易孟氏
永平三年二月庚午以孝廉除郎中四
十一月庚午除給事謁者五年四月乙
遷東海陰平長十年二月辛巳遷東平
城令十三年十二月丙辰拜楚郡
守十七年八月庚申徵拜河南尹
初八年六月丙申拜大僕元和三年五
丙子拜司空四年六月己卯拜司徒
孝和皇帝加元服詔公為賓永元四年
月癸丑薨閏月庚午葬

图四　《燕然山铭》刻石（局部）

图五　陈国荣先生在石崖前拓制"汉山"两字

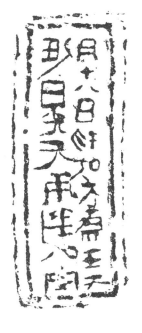

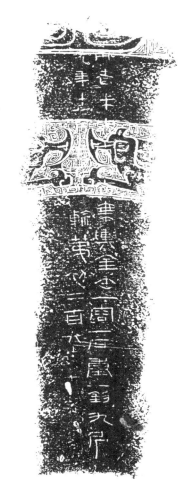

图六　汉灵帝熹平二年（173）《汉胊忍令景君碑》（左上）

图七　汉安帝延光元年（122）"闰月"砖铭（左下）

图八　内者未央宫尚浴府乘舆金缶铭文（右）

图九　内者未央宫尚浴府乘舆金行烛鋻及铭文（左）

图十　陈介祺手批伪铭拓本（右上）

图十一　《井真成墓志》志盖（右下）

偽刻玉此二珠可笑乃竟收
之並齾蚨鐘之文未見耶

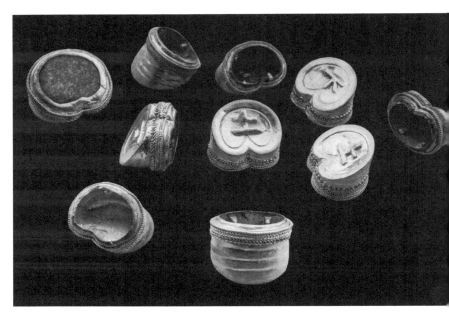

图十二　海昏侯刘贺墓出土的所谓"马蹄金"

总　序

　　三联书店这次同时帮我出版六册小书。册数多了，内容又显得七零八落，于是需要对此做一个总的说明。

　　人生在世，本来有很多事可以做；即使像我这样的书呆子，除了自己读书，还是可以兼做一些社会工作的，我也很愿意去做一些这样的工作。

　　当年之所以从社科院历史所断然离去，并不是因为我太清高，不想做俗事。对自己的学术研究，我从来就没有什么高远的期许。像我这样中小学教育都接近荒废的人，在那样一个特殊的文化断层年代，连滚带爬地竟成了个做学问的人，没有任何自负，只有暗自庆幸，庆幸自己的侥幸。要是能够在这个国家融入世界的过程中，有机会直接为社会做出一些努力，同样会感到十分庆幸，那是难得的福分。

　　可是，当你尝试做一些事儿的时候，很快就会明白：你面对的是一块铁板，实际上什么也做不了。剩下的，就只有困守书斋，自得其乐了。

讲这话的背景，是我这一代人的社会理想。所谓"我这一代人"，实际上是指与七七、七八级大学生同期的那一个群体。这些人中年龄大的，比我上大学的年龄要翻个番，我属于那一批人中年龄垫底的小字辈儿。但我们还是有大体相似的成长经历，因而也有着相似的社会理想和人生情怀。

时光荏苒，世事沧桑。现在，到这一代人渐渐离去的时候了。伴随自己的，只剩下房间里的书。

一个人的生活，单调到仅仅剩下读书，不管写什么，当然也就都离不开读书。因读书而产生的感想，因读书而获得的认识，还有对读书旧事的回忆，等等。所以，这套小书总书名中的"读书"二字，就是这么来的。

如果一定要说自己在读书过程中有什么比较执着的坚持，或者说有什么自己喜欢的读法的话，那就是读自己想读的书，用自己觉得有意思的方式去读。多少年来，我就是这么走过来的。

细分开来，大致可以举述如下几个方面的做法来说明这一点。

一是读书就是读书，没什么读书方法可谈，更没什么治学方法可说。读书方法和治学方法，是合二而一的事情。论学说学的人，问学求学的人，不管教员，还是学生，讲究这一套的人很多，或者说绝大多数人都很讲究这一套，都很喜欢谈论这一套。可对于我来说，或许勉强可以算作一种读书治学方法的东西，好像只有老师史念海先生传授的"读书得间"和另一位老师黄永年先生传授的"不求甚解"这八个字（两位老师对我都非常好，估计也不会另有什么锦囊妙计秘而不传）。除此之外，别无他法。我一直是随兴之所至，想读什么就读什么，读到哪儿算哪儿。既没有能力，也没有丝毫意愿去参与这类所谓"方法论"问题的议论和纷争。

正因为如此，这六册小书里虽然也有个别文稿，由于种种原因，看似谈及所谓读书方法问题，但是：其一，这些话都卑之无甚高论，根本上升不到方法论的高度；其二，写这些文稿都有特殊的原因，一定程度上乃不得已也。大家随便看看就好，把它更多地当作一种了解我个人的资料来看或许会更恰当一些。

二是喜欢读书，这只是我自己的事儿，既与他人谈论什么无关，也与学术圈关注的重点、热点无关。以前我说过两句像是自己座右铭的话："学术是寂寞的，学术是朴素的。"做学术研究，首先就是读书，因而也可以改换一个说法，即读书是寂寞的，读书是朴素的。对于我来说，读书生活的寂寞，最突出的表现就是静下心来读自己的书。天下好玩儿的书有好多，我对那种一大堆人聚在同一个读书班里读同一段书的做法，一直觉得怪怪的，很是不可思议。

三是读书过程中遇到什么问题就自己思索，很不喜欢凑集一大堆人七嘴八舌地讨论同一个问题。若是遇到的问题超出自己既有的知识范围，那么，就去找相关的书籍阅读，推展自己的知识范围，学习新的知识。我一直把治学的过程，看作学习的过程。自己觉得，这样读书，有些像滚雪球，知识这个"球"就会越滚越大。我习惯用平常的知识来解决看似疑难的历史问题，而不是依仗什么玄妙的方法。所以，安安静静读书求知，对我很重要。

"读书"之义，介绍如此，下面再来谈"随笔"的意思。

"随笔"二字既然是上承"读书"而来，单纯就其字面含义来讲，倒容易解释，即不过是随手写录下来的读书心得而已。不过这样的理解，只适合于这六册小书中的一部分文稿，若是就全部文稿而言，这样的解释显然是很不周详的。

总的来说，我写这些"随笔"并不随便，都是尽可能地做了比较认真的思考，或是比较具体的研究，其中相当一些文稿还做了比较深入细致的论证和叙说，只是在表现形式上，绝大多数文稿，从文体到句式，都没有写成那种八股文式的学术论文而已。另外，从这六册小书的书名可以看出，这套"随笔"所涉及的范围，从"专家"的标准来衡量，似乎稍微有点儿过泛过杂，或者说太有点儿随心所欲，不过这倒和"随笔"的"随"字很搭。

综合内容和形式，收录在这六册小书里的文稿，大致包括如下几类。

第一类是追念学术界师友或回忆自己往事的文稿。不管是旧事，还是旧情，都是当代学人经行的痕迹，在很大程度上也都体现着我本人的心路历程。年龄越来越大了。虽然没有什么了不得的经历和见识，但时光在飞速流逝，当年寻常的故事，后来人也许会有不寻常的感觉。以后在读书做研究的余暇，我还会继续写一些讲述以往经历的文稿。

第二类是一般意义上的学术随笔。读书有得而记，有感而发。其中有的内容，已经思考很长时间，有合适的缘由，或是觉得有写出的必要，就把它写了下来；有的内容则是偶然产生想法，一挥而就。虽说学术随笔归根结底只不过是一时兴到之作，但我不管写什么，都比较注重技术性环节。这是匠人的本性使然，终归没有什么灵性。

第三类是一些书序和书评，其中也包括个别拙著的自序。写这些文章，虽然有时候免不了会有情谊的成分，会有程序性的需求，但我仍一贯坚持不说空话废话，而是努力讲自己的心里话，谈自己对相关问题的思考、感想和看法。这些话，有的还不够成熟，写不成专题论文；有的就那么一星半点的知觉，根本就不值得专门去写；有的以前做过专门论述，但论证往往相当复杂，或者这些内容只是庞大论证过程中的一个很小环节，读者不一定注意，现在换个形式简单明了地写出来，更容易让大家了解和接受。总之，不拘深浅，不拘形式，更不管别人高兴还是不高兴，我总想写出点儿自己的东西。

第四类是最近这几年在各地讲演的讲稿。近些年，社会文化生活的形式出现了一种新的现象，很多非专业的人士，对历史文化知识产生了浓厚的兴趣，而且不再满足于戏说滥侃，需要了解一些深入严谨的内容。由于没有受过专业训练，在阅读相关书刊之后，这些人士很愿意通过面对面的接触与互动，更好地理解相关的知识。另一方面，一些大学在读的本科生、研究生，也有同样的需求。这样，就有许多方面组织了学者与读者的会面，我也参加过一些这样的活动。收录在这六册小书里的讲稿，大多就是我参加这类活动时的"作业"。当然也有部分讲稿是用于其他学术讲座的稿子。

这些讲稿有的是很花费工夫的专题研究，只是因为有人让我去讲，我就用讲稿的形式把相关研究心得写了出来；还有的讲稿，是为适应某种特别的需要而临时赶写，难免不够周详。相信读者很容易看明白这一点。

另有很大一部分讲稿，是为我新出版的书籍或者已经发表过的论文，面向读者所做的讲说。其中，有的是概括介绍拙作的主要内容、撰著缘起、内在宗旨、篇章结构等；有的是对书中、文中相关内容的进一步引申、发挥或更加深入的研究；有的是针对某些异议，说明我的态度和思辨方法。

我的目的不是想让读者或是他人一定要接受我的学术观点，但我希望通过这些努力，能够帮助那些想要了解敝人学术看法的人尽可能准确地理解我想说的到底是什么。这一点看似简单，其实却很不容易。我只能尽力而为，但无须与人争辩。当然在这样的讲述过程中，我常常还会谈到一些其他的知识，希望这些内容也能够对关心我的读者有所帮助。

总的来说，我自己是比较喜欢这些"随笔"的，它不仅拉近了我和读者的距离，更给了我机会，在这些文稿里讲述一些不便写在"正规"学术文章中的内容。希望读者们也能喜欢。

至于这六册小书的归类，不过是按照内容大体相近而略作区分而已。不然，一大本书太厚，没法看。

2020 年 3 月 30 日记

目　次

自　序

　　所谓"金铭"与"石刻"，在这里指的主要是金石铭文，同时也兼指古代金石遗物。说实话，能以这样的书名编成这样一本小书，列在"辛德勇读书随笔集"里，这是出乎我本人意料的。原因，主要是所谓金石研究在我的心目中并没有特别重要的地位，从而也就没有花过很大的功夫。

　　中国传统的金石学研究，是在北宋中期伴随着整个学风的转变而兴盛起来的，即学者们为了更加准确、更加深入地阐释传世经史典籍，开始广泛搜集和利用金石文献。

　　了解这一学术渊源，人们也就应该能够理解：当时的学者，是把金石铭文作为传世经史典籍的辅助材料来研读的。这样的学术旨趣，被后世主流的金石学家所继承。至清代，考据学的兴起和发展，带动金石铭文的研究达到历史性高度。在这一发展过程中，最有代表性的学者顾炎武用"增高五岳，助广百川"八个字，形象地表述了金石铭文同传世基本典籍之间的关系。这也是我对待金石铭文的基本态度。

态度如此，对金石铭文也就没有给予太多的关照，在很长一段时间内，也没有花过什么专门的功夫，偶尔做过的很少一部分专门针对具体金石铭文的研究，如宋金时期的石刻《禹迹图》等，只是根据自己专业研究的需要，在所涉及的问题本身具有较大必要性时，才从事其事。

不过近年情况有了一些变化。变化的原因有两项。

其中一项原因，是我在研究西汉新莽时期年号问题时，动手翻阅了自己能够找到的所有这一时期的各类铭文资料，尤其是金石铭文。看得多了，认识也就比较全面了。这也就具备了较好的条件，看这一时期的古器物铭文，就更容易看出问题，也就可以专门针对这一时期的铭文写些东西。

另一项原因，是我在北京大学给本科生上课，讲了石刻文献的问题。

2004 年到北大教书之前，我没有多少上讲台授课的经历，也就没有什么"教案"的积累。匆促走入教室开讲，只好拿自己老师的东西来混事儿。我在北大讲的很多课，包括研究生的课和本科生的课，都是抄撮一下黄永年先生的论著作讲义。

黄永年先生的《古文献学四讲》(后来中西书局出版新本，改称《古文献学讲义》)，其中有一讲是《碑刻学》，讲的就是石刻文献。为了给学生讲碑刻，我以老师这本讲义为基础，比较系统地阅读了一些重要的石刻文献书籍。这样在连续讲过几年课之后，就对石刻铭文有了比较系统的认识。

我一直觉得历史学是研究具体问题、解决具体问题的学问，学习包括基础入门知识在内的一些学术通则，目的是为了解析具体的问题，而不是相反。

心里对石刻文献有了些数，手上就有些技痒，忍不住想找个题目练练手。我选定的第一个题目，是北齐所谓"百年太子"高百年的墓志铭，写了一篇题作《北齐乐陵王暨王妃斛律氏墓志与百年太子命案本末》的论文。

为什么选这个？

首先是以石刻铭文治史，北朝墓志铭是一大重心。不过我自己对北朝历史极为生疏，想一下子上手，实际上很困难。相比较而言，北朝诸史中北齐最容易。这是因为遵循顾炎武所讲的那个原则，利用金铭石刻来研治史事，要以传世基本典籍为基础，为依归。而在北朝正史当中，《北齐书》的篇幅，最为单薄（中华书局的点校本只有两册，在全套"二十四史"中，篇幅也是最小的），很容易就通读了两遍。这样就能够在读解墓志铭时做到心中有数。

其次是我在比较充分地了解北齐历史背景的基础上，以为墓志载述的史事并不符合历史实际，但这并不是说这篇墓志铭是随手乱写的瞎话，而是在其背后有着深刻而又复杂的社会因缘。

选择这样的石刻文献来练手，也是由我对待金石铭文的总体态度所决定的：绝不因这些铭文的新知新见而夸张所谓"新史料"的价值，绝不敢信从陈寅恪先生"一时代之学术，必有其新材料"的说法。

我心中秉持的治学理念，在对待各种不同来源、不同性质的史料方面，是业师史念海先生经常传授的顾门治学要诀——研治史事主要是利用常见传世史料，以"化腐朽为神奇"；是业师黄永年先生反复督促的"一定要首先好好地读正史"。

按照这样的治学理念，相对于以正经正史为骨干的传世基本典籍，晚出新见的这些金石铭文，其最大的功用，也就是顾炎武讲的"增高五岳，助广百川"那八个字。治学者尤其不宜将金石铭文一些简单的补史订史作用，视作推动学术发展的高能核动力。

特别值得注意的是，由于种种特定的历史原因，金石铭文中还颇有一些刻意镌入的谎言虚词，对此，更需要在充分研读传世基本典籍的基础上予以详察明辨。不然的话，若是一味妄信金石铭文而轻率地指非为是，对历史研究还会造成很大的危害。《北齐乐陵王暨王妃斛律氏墓志与百年太子命案本末》这篇文章，就是想以高百年夫妇的墓志作为典型事例来说明这一点。我认为，真诚地面对当下中国金石研究的实际情况，是一个应当引起高度重视的问题。

当然，这样的例证也不一定很多，更实质性的意义还是要以传世基本典籍为基础来合理地对待金石文献。其实利用金石铭文研经治史最佳的效用，应属借助铭文显现的线索来发微索隐，解决那些潜藏在表面现象背后的历史真相，而要想跃升到这样的最高境界，还是要先行进入传世基本典籍所提供的社会场景；即使所做研究达不到发微索隐的层次，像研究所有历史问题一样，能够在充分了解一般性状况的基础上来解决那些特殊的疑难问题，也要比简单地指陈金石铭文中不同于传世文献的新材料会高明很多，而这同样要以广泛掌握传世基本典籍载述的史事为先决条件。

过去我有意无意写过的几篇关于金石铭文研究的文稿，都已收录在了《石室滕言》一书当中。除了具体史事论证之外，这些文稿也从不同侧面体现了我对金石研究的上述看法。

尽管此前有过这样一些基础，现在能够编录这样一本以金石铭文为主题的文集，还是很有些偶然。

这次收录到《金铭与石刻》里的文稿，虽然稍微有些杂乱，但总的来说，大多数文章是围绕这样两个方面：一是重大新发现，二是铭文辨伪。

关于前者，主要就是《燕然山铭》，另外还有一篇论述海昏侯刘贺墓室黄金货币的讲稿，因为也是重大考古发现，尽管性质有些差别，也还是附列在这一类里了。对《燕然山铭》的研究，可以说较为充分地体现了我在上面讲述的一项基本追求，即透过传世基本典籍载述的场景来解析石刻铭文。相关基本研究成果，已写入《发现燕然山铭》书中。这里收录的几篇文稿，或是对书中内容的概括、引申、解说，或是进一步的拓展与深化，这里就不多加说明了。相信结合《发现燕然山铭》一书来读，人们一定会有一些新的收益。

关于金石铭文的辨伪问题，这里收录的几篇文稿，有的是对旧有研究的进一步说明（如对"雒阳武库钟"铭文的辨伪），有的是全新的论说（如对所谓《张氾请雨铭》和《李训墓志》的辨伪）。

颇有一些金石专家或古文字专家，对我这些观点持有强烈的反对意见。在这里，我想对关心相关问题的读者，简单地说明一下我对这些不同意见的态度。第一，到目前为止，我见到的所有不同意见，都不足以让我放弃自己的观点。第二，这些不同意见，其对相关问题的论述方法，与敝人有很大不同；同时，也并没有针对敝人的论证过程逐一做出合理的说明。既然道不同，术不通，我也就无意再做出更多的论辩。至于读者们怎样看，那也都是读者自己的事儿，我也不必再说什么。因为我觉得自己的论述已经很充分了。

2020 年 4 月 3 日记

《开成石经》
——迁，还是不迁

西安碑林博物馆要建个新的大楼，楼建起来没建起来还不清楚，往里边搬迁《开成石经》的动议，却引起一些人发出公开的议论。为此，也有新闻媒体的记者找到我，希望听听我的意见。

我的看法很简单，就三个字：不能动。

为什么？我是基于如下四个方面的考虑而产生这一想法的。

我首先考虑的是，《开成石经》是隋唐长安城的重要"地标"。

三十多年前，我在西安读书，研究长安城的历史地理问题，因此，对这座古都的来龙去脉，还算有一些具体的认识。

隋大兴城，也就是唐长安城，规模宏伟壮丽，是世界历史上规模空前的大都市。这一时期，也是古都西安城市发展历史上最为辉煌的鼎盛时期。可是，在历经变迁之后，这座城市存留下来并且还一直带有生命的标志性遗存遗迹，已经极为稀少，今西安碑林应属其中之一，而《开成石经》从一开始就与碑林的历史相伴随，它所在的位置也与唐长安城的空间布局密切相关。

简单地说，今西安碑林就起源于唐代，当时只是存放着所谓《石台孝经》和《开成石经》。要是以这两种大型石刻的移动过程作为标志，来看待"碑林"的迁移过程的话，那么，它前后总共存放过四个地点，迁移了三次，在宋徽宗崇宁二年（1103），始迁至今址（详拙文《西安碑林迁置时间新说》，收入拙著《古代交通与地理文献研究》）。以唐长安城图为背景，可以将其位置的变动过程，图标如下：

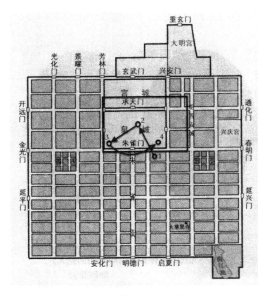

碑林碑刻搬迁过程示意图

西安碑林博物馆《开成石经》现展厅
（据赵力光编著《风雨沧桑九百年：图说西安碑林》）

西安碑林博物馆在户外专用碑亭中展示的《石台孝经》
（据赵力光编著《风雨沧桑九百年：图说西安碑林》）

尽管在历史时期几经搬迁，但它从北宋徽宗崇宁二年起到现在，九百一十五年了，就一直在现在的位置，已经成为西安城历史上的一个重要的、不可再生的地理坐标，而西安碑林中最能体现其历史缘由和存在状况的藏品，就是《石台孝经》和《开成石经》。为了保存并延续这份历史的记忆，《石台孝经》和《开成石经》存放的位置，一动也不应该再动了。

或许有人以为，既然它在历史上已经一再搬迁，现在的位置也不是它的原始位置，再搬动一下也无妨。在我看来，这样的想法完全没有考虑不同的时代背景。五代和北宋时人不仅把这些碑刻几度搬迁，他们同时还损毁了唐长安城的大部分建筑。这是因为那时还没有今天的文物保护意识，我们不能看他们搬过，今天就再跟着不停地搬，这就像我们今天不能再把他们毁剩下来的大、小雁塔也拆了或是烧了、炸了一样。不在唐朝原址的《石台孝经》和《开成石经》，仍然是在北宋迁定的位置上，这个位置在隋唐长安城的空间格局中仍然具有重要的标志性意义，更不用说对认识宋城的空间布局以及唐城和宋城的空间位置关系，具有直接的作用。再往后看，一直到元明清时期的西安城，《石台孝经》和《开成石经》都是认识其空间位置关系的重要地标。

也许有人会说，不把《开成石经》迁入新馆存放展出，就无法妥善保管，难免地震、水蚀、风伤等种种损害。关于这一点，我不是很懂，不懂为什么在新盖的大楼里就会比在原来的老式建筑更加安全。对于地震的伤害来说，老屋子可能会比新大楼要更安全一些。故宫博物院用的不也是当年的老房子吗？怎么没听说为躲地震而搬到别的地方去盖大楼呢？至于恒温、恒湿等项需求，只要花钱做，碑林的旧馆也不会做不到。

清代初年的著名学者阎若璩，曾经就研读前人典籍的方法谈过一段很重要的话，乃云："孟子谓读其书者当论其世，余则谓并当论其地。苟地之不知，而谓能知其人身之所处、心志之所寄焉者，吾不信也。"（见阎氏《四书释地》卷一"河、河内"条）真正的学者治学，所为所言都不外乎寻常的人情事理。大师治学如此，普通的民众认识历史也是如此，失去地理位置的史事，犹如海市蜃楼，人们是难以看到其全面真实的形态的。

其次，从对城市景观的审美角度出发，也应当尽量保持《石台孝经》和《开成石经》的旧貌。

随着中国经济状况的改善，我们每一个人都切身感觉到，在很多方面，历史发展的速度是越来越快了。时间本身是看不见、抓不到的，人们觉得它过得快，是身边的很多情况都在迅速改变。在这一方面，城市景观的变迁，最为明显。面对疾速嬗替的城市景观，人们也越来越想尽可能多地保留一些昔日的景象。

这是现代文明进程中的一个普遍现象，不是中国人更有思古的情怀，也不是关中秦人落伍守旧。人同此心，就不是方隅之见，主其事者就要拿它当回事儿，要往大了看，往远了看，不要做让自己后悔、让子孙后代痛恨的事儿。

从这一意义上讲，碑林石刻现有的陈列状况，既是一种历史景观的传承，同时旧有的建筑和《开成石经》等石刻的结合形式，也已经成为一种历史的景观，因此我们应该对它予以充分的尊重和适当的存留。当新的展馆建成之后，在将其他大部分碑刻移入新馆陈列的同时，继续在旧馆陈列《开成石经》，也是为这座古都按照过去的原样留下这一历史景观的一部分内容。这样，旧馆与新馆的陈列相互映衬，不管在审美的形式上，还是文物保护利用的实质上，都能使碑林藏储的古代石刻发挥出最佳的效用。

第三，不搬迁《开成石经》进入新的展馆，可以在新馆里展出更多其他馆藏的石刻。

碑林博物馆收藏的古代碑刻，内容十分丰富，但现有的展出条件较为窄迫，严重限制了这些碑刻的展出利用。现在计划兴建的新馆建成后，使得更多的古代碑刻有可能获得与公众见面的机会，令其发挥出所蕴含的社会功能，是一件振奋人心的大好事。

由于《开成石经》规模巨大，用石数量众多，若是搬迁进入新馆，会占用很大空间，这就必然要压缩其他石刻的展出面积。若是把《开成石经》留在原处展出，一方面，由于其文字内容的单一性和特殊性，可以利用旧馆腾出来的其他馆舍，做与《开成石经》相关的辅助性展示，更好地展现这一主题；另一方面，又能够在新馆中有充足的空间用以展示更多的馆藏碑刻。

中国古代石刻文献文物的内涵是极为丰富的。我们看一下清末人叶昌炽在《语石》一书中对石刻文献所做的分类，就可以获得很具体的感受。随着时代的发展，学术研究又有很大的进展，文物考古工作也有更大的进展，人们又进一步认识到石刻文献更多的价值和特征。碑林博物馆是一个综合性的石刻博物馆，并不只存有《开成石经》，库房里还有很多人们根本看不到的碑刻，这些碑刻上面也都有字，或是有图。碑林博物馆假如能够在新的展馆里向社会公众以及从事相关研究的学者分门别类地展出各种类型的碑刻，将是一件利莫大焉的好事。

例如，收藏在这家博物馆的石刻《禹迹图》和《华夷图》，镌制于南宋时期，可以说都是国宝级的珍贵文物。这两帧石刻地图，特别是其中的《禹迹图》，不仅是中国古代地图的珍本，在世界地图史上也具有重要价值。除此之外，它也是中国古代教育史上的标志性文物，是王安石改革科举制度的直接产物；这样的地图，对《尚书》的接受和传播，也发挥过独特而积极的作用；它的原始存在形式，还对研究雕版印刷术通行之后拓印技术的作用和地位，具有独特的价值（详拙文《说阜昌石刻〈禹迹图〉与〈华夷图〉》，收入拙著《石室賸言》）。方方面面，不管从哪一方面看，都不容忽视，不仅应该而且必须在展厅中予以陈列，可是，却一直未予展示。

我去过碑林博物馆，看到了现在展馆的窘迫情形，因而相信这一定是展馆面积所限造成的结果。

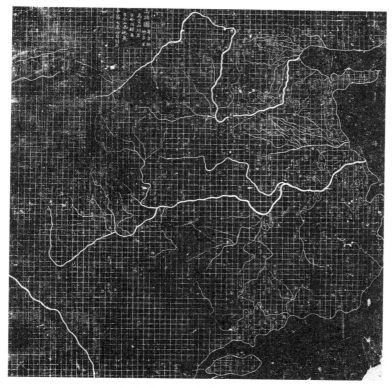

齐阜昌七年（1136）石刻《禹迹图》传世拓片
（该石碑现藏西安碑林博物馆，一直未予展出）

石刻《禹迹图》和《华夷图》不仅必须在新建的展馆中展出，而且还要围绕这些展品策划相应的主题，配合馆藏的其他石刻地图，以充分展现中国古代石刻文化中石刻地图这一类别。碑林博物馆中类似的石刻还有很多，有待碑林博物馆做很多细致的工作，静心策划和布置展出。盖了新馆要先把该陈列而未能陈列的宝贝从库房里拿出来，让它们重见天日，比移动《开成石经》更重要，也应更优先。若是以《禹迹图》和《华夷图》石刻为标志的话，我认为，碑林博物馆的新馆，是不是能够发挥其应有的作用，就是类似的过去无法展出的碑刻是不是能够展出，而绝不是一直展示在那里的《开成石经》是不是换个摆放的地方，前者才是这座博物馆质的改变和提高，才更有实质性的社会效用。

第四，从中国文化的发展方向角度，看《开成石经》的陈列方式。

当前，国内各种守旧思潮和极端保守的民族主义观念甚嚣尘上，这些人打着弘扬传统文化的招牌，大肆主张读经传经。作为国有文物展馆的碑林博物馆，面对当前中国的文化形势，面对世界文化的发展趋势，同时也面对中国未来的发展，我们都不宜在社会公众生活中刻意彰显传统的经学，刻意去凸显《开成石经》对现实社会的影响。

按照旧有的形式，把《开成石经》留在原地，让它冷落在老屋子里，恰好可以形象地向社会公众宣示，传统的经学是大大落后于新时代的旧文化，这让前来参观的人能够切身感悟到

《开成石经》之《周易》局部
（据赵力光编著《风雨沧桑九百年：图说西安碑林》）

中国文化的发展一定要向前看，继续走"五四"的路；过去靠读经没有能够救中国，现在也不能靠读经治国、靠读经来解决我们面临的各项社会问题。

　　总之，在我看来，《开成石经》根本没有搬迁的道理，它迁，还是不迁，这本来就不是个问题。

2018 年 7 月 24 日

窦氏兄妹的政治危机与
《燕然山铭》的刊刻

　　很高兴来到这个"课堂"，和大家交流，谈谈我对中国古代历史上一些问题的看法。尽管我很不喜欢"国学"这个名称，就像我极力反对的北京大学那个豪华的"燕京学堂"设立的所谓"中国学"学科一样。我知道今天在这里讲这样的话很失礼，但只能实话实说，请主办者多多原谅。

　　我不懂"国学"是什么，只知道李零先生所说"国学"就是"国将不国之学"的说法。我系统学习的专业是"历史地理学"，实际从事的主要是中国古代历史地理研究。做的时间久了，旁涉横通，也多少了解一点儿中国古代历史的知识，今天就和大家谈一个这方面的问题。

　　这个问题，和去年新发现的一通古代摩崖刻石《燕然山铭》有关，也和昨天刚刚在这里"首发"的我的小书《发现燕然山铭》有关。

　　发现新的古代文字资料，总是会引起学术界乃至社会公众的关注。这是因为历史已经一去不复返，当时的文字资料，是我们了解历史和研究历史的基本依据，人们不能不重视这些新发现。正因为如此，也很早就有无良商贾，制造赝品，用以牟利，有的甚至以假乱真，使之成为博物馆里的珍品，如旅顺博物馆所藏"雒阳武库钟"上的铭文就是这样的代表。就连摩崖刻石，其实也很早就有赝品，如南岳衡山所谓"岣嵝碑"即为其中之一，近年在河南省驻马店附近石砬子上出现的所谓《张汜请雨铭》，也是如此。真真假假，乍看起来好像也不大容易弄明白其中的门道儿。

不过《燕然山铭》倒确是一件真品。这不用做复杂的考证，因为造假是为了卖钱，所谓穷则思变，这种逻辑对平民百姓来说，很正常，也非常合理。这件摩崖刻石远在蒙古国境内的荒野上，还没有人贩卖拓片以获取厚利，而且蒙古国也不会让你随便去拓，谁会跑到那里去造这么个东西？没人造假，就当然是件真品。

去年这个时候，发现《燕然山铭》的消息甫一公布，就引起社会公众一片热议。这通刻石本来就是一篇重要的学术史料，学术界对此自然会有更为强烈的关切，并且也很快发出了形式上正儿八经的学术性论述和评议。

对于学术研究，不同的人往往会有不同的看法。中国古代历史的研究，由于时代去今已远，史料稀少，学者们的认识，彼此之间就会有很大的差异。我写《发现燕然山铭》，就是在这样的背景下，谈谈自己对相关问题的粗浅看法。

下面，我就在这部小书的基础上，进一步讲述一下我对

《燕然山铭》产生缘由及其历史意义的看法。对东汉的历史，我本来就不熟悉；政治史问题，更只是旁涉横通。所谓"一家之言"，不过姑妄言之而已。下边讲的话，有些人听了可能觉得有些煞风景，甚至觉得很刺耳。信不信由你，喜欢不喜欢更得由着各位自己的感觉。有人愿意交流的话，一会儿我讲完后，大家可以放开谈；要是不愿意在这儿讲，就写文章批判好了。

一　喜庆的狂欢

去年 8 月中旬，内蒙古大学从事《燕然山铭》考察工作的学者一向社会公布这项重大发现，各种网络新媒体上，就是一片欢腾。"主流"的倾向，是为这篇铭文和它所记述的窦宪北征北匈奴的战役齐唱赞歌。

其中口味清淡的，只是以客观性笔法陈述说，窦宪此举，彻底清除了秦代以来一直在北方困扰中原王朝的匈奴，用班固《燕然山铭》里的话说，就是"兹所谓壹劳而久逸，暂费而永宁者也"；更多重口味者，则登高歌笑，弃衣奔走，对此大赞特赞，谓窦宪此番北征匈奴，大长了中国人特别是华夏汉人的威风，不仅几百年来的耻辱，诸如汉初高祖刘邦所受"白登之围"的困窘（当时刘邦被匈奴单于冒顿诱围于白登城中七天七夜，没吃没喝的，实在坚持不住了，也根本没什么办法破围而出。于是打发人潜出城外，偷偷给冒顿的阏氏，也就是单于

汉"单于和亲"方砖

（据1965年日本平凡社出版《书道全集》第2卷）

的皇后送了不少好处。于是，阏氏劝说老公，悄悄给围城的铁壁放开一条窄窄的通道，刘邦就像一只小老鼠一样胆战心惊地从这个口子退了出去。见于《史记·匈奴列传》记载），还有匈奴冒顿单于公然羞辱吕后以及给所有大汉小民心灵造成的深切伤害（刘邦故世之后，吕后在名义上处于独居无夫状态的时候，冒顿单于给她写了封信，信中说"陛下独立，孤偾独居，两主不乐，无以自虞，愿以所有，易其所无"。这里所说"自虞"是"自娱"的另一种写法，是说他们两个孤家寡人，不妨互通有无。假如说这是想要缔结匈奴和汉朝两国君主的跨国婚姻，倒也可以说是符合人情事理的大实话。汉朝和匈奴，当时是两个独立的国家，用现代处理国际关系的眼光看，冒顿单于提出这样的要求，应该说是一个非常具有战略眼光，同时也非常符合他们一国君主身份的建议，这和汉廷在此前此后打发公主与匈奴和亲的性质本来都是一样的，而且通婚的层级更高，完全可以借此实现匈、汉双赢。这事儿要是真的成了，可比文成公主嫁给松赞干布的历史意义要重大得多，亚洲乃至世界的历史就要被彻底改写。但匈奴冒顿单于显然是在倚仗强盛的国势和兵力来戏弄吕后，无奈虚弱的汉朝实在无力与之抗衡，不敢说"以眼还眼、以牙还牙"那样的硬气话。吕后只好客客气气地写了封回信，说自己已是"年老气衰，发齿堕落，步行失度"，实在配不上您。您听到的那些对我容貌的描述，只不过是个美丽的传说而已。汉朝也没得罪您，您就饶了我吧。随着这封讨饶的信，还送上了"御车二乘，马二驷，以奉常驾"。

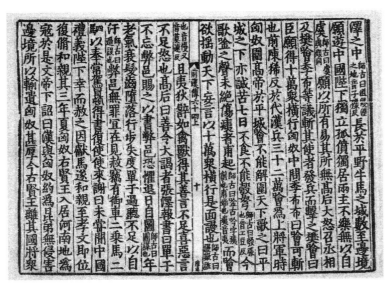

百衲本《二十四史》影印所谓宋景祐本《汉书》

这件事，吕后心里到底是怎么想的虽然无法求证，但在旁人看来，不管是在当时，还是后世，都算得上是一件奇耻大辱，弄得司马迁在《史记·匈奴列传》里都没好意思明着写，只是说"冒顿乃为书遗高后，妄言"。可到东汉的时候，班固在《汉书·西域传》里就有一说一，如实收录了这两封信的内容），这些都可以借此皇皇《燕然山铭》，一洗了之，即谓窦宪昂首登上那座矮趴趴的燕然山，宿世之耻辱，便一朝洗雪，民族精神为之陡振，成就汉代历史上最值得纪念的辉煌时刻，他所留下的这通摩崖刻石，标志着中原王朝与北方匈奴持续三百多年的争战最终是以大汉王朝的完胜而落下了帷幕。

24

从更深一层意义看待这一发现，一些人还认为，《燕然山铭》刻石适可昭示于天下"犯我中华，虽远必诛"那句看起来好像是很神圣的誓言，连带着对班固执笔撰写《燕然山铭》这一行为，也歌之颂之，好好夸了一通。

一句话，满眼都是喜庆的狂欢。

然而，这样的认识，符合历史实际吗？窦宪北征以及铭刻此役功绩的《燕然山铭》真的具有这么大的积极意义吗？我们在今天，究竟应该怎样看待历史上中原王朝的对外征伐？

二 窦氏兄妹的危机

窦宪这次引起现在很多人为之狂欢的北征之役，从拟议出师时起，就没有体现出任何值得当时和后世喜庆的理由，人们更没有理由为窦宪当时在表面上的胜利和他发动的这场战争遗留给后世的祸患而狂欢。

《燕然山铭》开篇就点明了窦宪率军北征的年代，乃谓之曰"永元元年秋七月"云云。各位要是不熟悉"永元"这个年号，翻检一下历史年表，就可以很容易地看到，它是汉和帝登基以后在下一年所行用的。这就告诉我们，这场战役是发生在和帝继位之初。

当时，汉和帝的年龄还很小，只有十岁，于是便由他的养母窦太后临朝主政。

皇帝年龄这么小，主要是因为他爹老皇帝死得早。清朝

極自應追尊南頓君而祀舂陵以下以天子之禮正合

於周家上祀祖紺至后稷之義祖紺等爲先公而居文

王武王之上亦未嘗不以卑臨尊也

東漢諸帝多不永年

國家當氣運隆盛時人主大抵長壽其生子亦必早且

多獨東漢則不然光武帝年六十二明帝年四十八章

帝年三十三和帝年二十七殤帝二歲安帝年三十二

順帝年三十沖帝三歲質帝九歲桓帝年三十六靈帝

年三十四皇子辯卽位年十七是年卽爲董卓所弒惟

獻帝禪位後至魏明帝青龍二年始薨年五十四此諸

帝之年壽也人主既不永年則繼體者必幼主幼主無

廿二史劄記　卷四　後漢書

清嘉庆湛贻堂原刻本《廿二史札记》

26

乾隆年间通读诸史的大学者赵翼，在他的名著《廿二史札记》里，专门列了一个条目，叫"东汉诸帝多不永年"，也就是说东汉的皇帝大多寿命不长。家族性这么强，这真的只能是基因的问题。其实再向前追溯，西汉皇室就有这个毛病，像惠帝、昭帝、哀帝都二十多岁就去世了，可见单纯就遗传基因而言，这个打下汉家天下的家族，血管里满满的都是短命的基因，生理基础实在不太好。可是赵翼那个时候科学家还没有发现基因，尽管赵翼并不妄自尊大，对当时传入的西洋技术产品也是很感兴趣的，可他也只能解释说，此"皆运气使然，非人力所能为也"（《廿二史札记》卷四）。

这样的解释，虽然很不科学，但他接下来总结的一个规律性事项，却非常符合历史的实际情况，这就是"人主既不永年，则继体者必幼主，幼主无子，而母后临朝，自必援立孩稚，以久其权"（《廿二史札记》卷四"东汉诸帝多不永年"条）。东汉政治史上外戚专权与宦官干政这两大弊病，就都因缘于此，而追本溯源，这两大弊政又都是发端于窦太后之临朝称制。时下很多人对窦宪征讨北匈奴一役大唱赞歌，实际上是全然不顾这一基本背景而一厢情愿地自说自话。

这本来是一个非常简单也十分基本的问题，宋人袁枢在《通鉴纪事本末》中就曾以"窦氏专恣"为题，将相关史事归纳于一处，对此做过很全面也很具体的叙述。稍一翻检此书，即可清楚知悉这一重要历史背景，而现在相关的专家学者在论述窦宪北征之役和班固《燕然山铭》时，对此不知是一无所

窦氏专恣

漢章帝建初二年十一月帝納竇勳女爲貴人有
寵貴人母即東海恭王女沘陽公主也

三年三月癸巳立貴人竇氏爲皇后

八年皇后兄憲爲侍中虎賁中郎將弟篤爲黃門
侍郎並侍宮省賞賜累積憲以女弟交通賓客司空第五
倫上疏曰臣伏見虎賁中郎將竇憲椒房之親典
司禁兵出入省闥年盛志美卑謙樂善此誠其好
士交結之方然諸出入貴戚者類多瑕釁禁錮之

上書辭位帝許之五月丙辰防廖光皆以特進就
第

知，还是置若罔闻，总的来说，是完全不予理睬。这种情况，是十分令人费解的。因为在我看来，若是脱离了这一背景，就不可能清楚地认识这场战役的是非功过以及铭记其功绩的《燕然山铭》究竟是一篇什么性质的文字。这是一项不可或缺的重要前提条件。因此，我对相关问题的认识和论述，就是以窦太后及其家族对东汉朝政的掌控为基本背景而展开的。

首先我们应该知道的一个重要情况，是在这之前不久，窦太后的亲哥哥窦宪，派刺客暗杀了和妹子私下相好的都乡侯刘畅。

自从太祖高皇帝刘邦开创汉家江山以来，在权力的"竞技"（game）场上，始终存在着三股大的势力，相互较劲儿：一是皇族，二是大臣，三是外戚。其中外戚秉政，也可以说是始自刘邦的皇后吕雉，但并没有形成常态，至东汉中期以后则已经成为一种比较普遍的权力运作形式，而要是像窦太后一样由母后临朝，则必然要柄用外戚，以辅其政。这没有什么别的选择，不然就不能如意左右朝政。

所谓"窦太后"，是汉章帝的皇后。窦太后的曾祖父窦融，在东汉初年统领河西地方势力投靠刘秀，对刘秀重建汉家江山发挥了重大作用，可以说是一位重要的"开国"功臣，官拜大司空，位至三公。史称窦氏家族"自祖及孙，官府邸第相望京邑，奴婢以千数，于亲戚、功臣中莫与为比"，窦太后之父窦勋复"尚东海恭王强女沘阳公主"，是一位驸马爷（《后汉书》卷二三《窦融传》）。所以，窦太后身后的家族，在当时是十分显赫的。

任昌上謂弘曰朕前不從君議果如此弘對曰竇憲
姦臣也有少正卯之行未被兩觀之誅陛下前何用
議遷大司農太尉數陳竇憲勢太盛放權海內言苦
切爲憲不容奏弘漏泄奏事坐詰讓收印綬弘乞骸
未許疾篤上書曰臣東野頑闇本無尺寸之功橫蒙
大恩仍登上司中夜怵惕有折足之戒自揆愚薄
無益國家之事雖有殺身焉可謝患是以不敢雷同
指陳竇憲姦不慣漏露言出患入竇憲之姦惡貫天
達地毒流八荒虐聞四極海內疑惑賢愚疾惡憲何
術以迷主上流言嘖嘖深可歎息昔田氏篡齊六卿
分晉漢事不遠炳然可見陛下處天子之尊自諸保

《四部丛刊初编》影印明嘉靖本《后汉纪》

这位窦氏皇后，被章帝"宠幸殊特，专固后宫"，其兄窦宪、弟窦笃，俱入侍宫省。窦宪等大肆交通宾客，徇私弄权，使这一家人的声势，日盛一日，以致引发朝中正直人士的强烈公愤，太尉郑弘临终前甚至以"奸恶贯天达地，毒流八荒，虐闻四极"这样的语句，向汉章帝指斥窦宪的行径（《后汉书》卷一〇上《皇后纪》上、卷四一《第五伦传》，晋袁宏《后汉纪》卷一二章帝元和三年）。

逮章帝去世之后，窦太后甫一亲秉权柄，便愈加援引其家族成员，进一步占据各个要害部门。《后汉书·窦宪传》记述相关情况说：

> 和帝即位，太后临朝，（窦）宪以侍中，内干机密，出宣诰命。肃宗遗诏以（窦）笃为虎贲中郎将，笃弟景、瑰并中常侍，于是兄弟皆在亲要之地。宪以前太尉邓彪有义让，先帝所敬，而仁厚委随，故尊崇之，以为太傅，令百官总己以听。其所施为，辄外令彪奏，内白太后，事无不从。又屯骑校尉桓郁，累世帝师，而性和退自守，故上书荐之，令授经禁中。所以内外协附，莫生疑异。

所谓"虎贲中郎将"，统领的是东汉时期负责皇帝"宿卫侍从"的核心禁卫部队，当然这个领兵站岗的头目同时也是控御皇帝做傀儡最紧要的官职。在窦太后临朝主政之前，本来就是由窦宪本人担任这个重要职位，现在窦太后又以章帝遗诏的形式，把这一职位转交给他的弟弟窦笃，而让窦宪专任侍中。

侍中和虎贲中郎将秩级相等，都是比二千石（晋司马彪《续汉书·百官志》二、三），用现在的话说，就是"相当于二千石的级别"，官阶高低，大体相当。可是虎贲中郎将只是一个武职，在制度上，并不参与政治的决策，侍中则是"掌侍左右，赞导众事，顾问应对"的近密幸臣，能够直接介入中枢政治。对于想要控制整个皇朝的窦氏家族来说，这个位置当然更有全局性意义。正因为如此，窦宪转而让他的弟弟窦笃来替代自己担任虎贲中郎将，继续控制宫廷的禁卫，以便他自己腾出手来，以侍中的身份，实际掌控整个朝政。

在上述这些"皆在亲要之地"的窦氏兄弟中，官职最为特别的，其实是窦宪另外两个弟弟窦景和窦瑰，他们两人都是"中常侍"。那么，"中常侍"特别在哪里呢？这个官位的职责，乃"掌侍左右，从入内宫，赞导内众事，顾问应对给事"。从表面上看，"中常侍"做的事儿，似乎和"侍中"也差不太多，其关键的不同，在于"从入内宫"这几个字。

"侍中"这一官名，承自前汉，从字面上就可以看出，其本来的含义，是侍从于内廷宫禁之中，可以和宦官一样亲近皇帝，这样就很容易和后宫发生接触。为此，虽然侍中从武帝后期被排出到宫外很长时间，但王莽时又恢复旧制，入侍内宫。进入东汉以后，则直到章帝去世前不久的元和年间，仍然沿袭新莽的制度，这时因"侍中郭举与后宫通，拔佩刀惊上，举伏诛，侍中由是复出外"，这才不再陪伴皇帝于宫中。

"中常侍"的特别之处，是能够"从入内宫"，可"常人"身入内宫，总有触动皇帝禁脔的忌讳。既然已有"侍中"这么干过，"中常侍"也不会见腥不沾。虽然西汉有时还会任用普通士人，如班固的祖父班稚，在汉成帝时期就曾担任过这一职务（《汉书》卷一〇〇上《叙传》上），但东汉时期处理这一矛盾的办法，是只让身子与"常人"不同的宦官来出任这一职务（晋司马彪《续汉书·百官志》三）。可是，窦景和窦瑰都是窦氏皇后的弟弟，显然不会先做手术，再去任职。现在，窦太后打破朝廷定制，安插自己的两个亲兄弟入宫相伴，不管是监视、控制小皇帝汉和帝，还是辅助自己处理朝政，总归显得很不自信，很不从容；更准确地说，是当时的情势相当窘迫，所以才会有这样的不得已之举，所谓"内外协附，莫生疑异"，不过是表面现象而已。

这种情况，一方面表明窦氏这一家子已经基本掌控了局面，但在另一方面，也显示出这种掌控还不是十分稳固，所以才会做出上述不得已的举动。

就在这样微妙的局势之下，窦宪却一时冲动，策划一场暗杀行动，指使人杀掉了妹妹的心上人（《后汉书》卷四一《何敞传》），从而无端弄乱了自家人的阵脚。

汉章帝去世的时候，窦皇后大概还不到三十岁。芳华妙龄，自然需要有异性相伴。《后汉书》记载，刘畅是一个很会讨得女性欢心的"邪僻"之人。章帝甫一离世，他便伺机"自通长乐宫，得幸太后"。

　　这本来只是限止在窦太后个人私事的范围之内，而且顺自然，合天理，既无关她为人的品行，更与朝政无涉，可要是继续发展下去，超出于闺帷之外，事情就不好说了；至少窦太后的哥哥窦宪是很不放心的。原因是当时窦宪正深受窦太后倚重，"内干机密，出宣诰命"，几乎达到了"事无不从"的程度。现在，妹子有了贴心人，难免会分减他的权力。于是，窦宪痛下狠手，果断干掉了这个潜在的权力竞争者。

　　孰知罪案很快败露，窦太后十分恼怒。一气之下，下令把窦宪关在了内廷宫中（《后汉书》卷二三《窦宪传》）。小妹子可不是个普普通通的风流寡妇，而是一个在文武百官面前公然称孤道寡的皇太后（窦太后和东汉很多主政的皇太后一样，临朝称"朕"）。刚找到的心上人，竟被活生生地害死，这股无名火要是尽情喷发出来，后果是明摆着的。

　　身陷囹圄之中，窦宪这才明白自己干了一件糗事。他本来是家里的大哥，是全家人的主心骨，而对于初临天下的窦太后来说，朝政的控制，还不是十分稳固，仍迫切需要倚仗外家的势力，更不能失去大哥窦宪的助力，要是由着性子把这位大哥处理掉，必将严重损毁窦家的势力，弄不好，就会失去刚刚操在手里的权柄。——这显然是一个严重的政治危机。

三　举国倾兵政治秀

　　须知一家人固有一家人的基因，与哥哥窦宪相比，妹妹

34

也不是善良之辈。单论心狠手辣，这位窦太后比她的兄长一点儿不逊色。作为汉章帝的皇后，她自己生不了孩子，不光能抢来人家的孩儿做养子，最后还把和帝的生母梁贵人活活欺负死（《后汉书》卷一〇上《皇后纪》上）。

不过窦太后可不是像她哥哥那种飞扬跋扈、头脑简单的角色。要是红颜一怒就径行泄愤，她哪里能混到今天独断乾纲的地步。在心中的怒火稍稍发泄之后，她马上意识到这事还要从大处着眼，冷静处理。要紧的，还是先牢牢掌控手中的权力。

只是大哥这个莽撞的做法，不仅扫了自己的脸面，还大大损伤了自己作为皇太后的尊严，若是不加惩处，就会动摇自己在满朝大臣前的威信，结果同样会妨害她对权柄的掌控。杀了不是，放了也不是，这实在是一个难题。

就在这进退两难的尴尬时刻，北征匈奴，给窦太后提供了一个解套的机会。

不过，最先提议征伐北匈奴的，并不是窦太后，也不是窦宪或窦家其他什么人，甚至根本就不是大汉的正宗子民，而是从光武帝刘秀时期起就一直依附于东汉朝廷的南匈奴单于屯屠何。

东汉初年，北方草原上的匈奴人分裂为南、北两部，南部降附于汉廷。东汉朝廷把这些内降的匈奴人安置在西河、北地、朔方、五原、云中、定襄、雁门、代郡这些北方边地（《后汉书》卷八九《南匈奴传》），即今内蒙古河套地区和山西北部地区，帮助东汉朝廷戍卫北边。这些降服汉朝的匈奴人，隔着所谓"大漠"，与北面仍然独立存在的那一部分匈奴人相对而处，时人便分别称谓这两部分人为"南匈奴"和"北匈奴"。

南匈奴单于屯屠何提出这一动议，目的是想重新统一大漠南北两侧的匈奴各部，"破北成南，并为一国"，他自己则统率部属，"还归旧庭"，不再俯受汉廷的羁縻。尽管屯屠何在表面上说是"令汉家长无北念"，彻底灭除北方的边患，实际上却是为自己扩张势力范围（《后汉书》卷四一《宋均传附宋意传》、卷八九《南匈奴传》）。当然其更深一层的动机，则是意在重振匈奴在西汉初年的辉煌盛业。想想这也符合他血液里固有的基因。

朝中大臣，对南匈奴单于的这一主张，多持异议，尚书宋意特别强调若是顺从南匈奴之意，将违逆以夷制夷的基本宗旨，从而"坐失上略，去安即危矣"（《后汉书》卷四一《宋均传附宋意传》），也就是不宜放纵南匈奴势力独大。

关于这一点，也就是汉廷的警觉，南匈奴单于屯屠何自己心里也很清楚。满朝大臣，又不会都傻，终究会有人提出这一问题的。为减缓汉廷的疑忌，屯屠何在向窦太后请求北击并提出南匈奴的军事方案之后，特地表白说：

> 臣素愚浅，又兵众单少，不足以防内外。愿遣执金吾耿秉、度辽将军邓鸿及西河、云中、五原、朔方、上郡太守并力而北，令北地、安定太守各屯要害，冀因圣帝威神，一举

平定。臣国成败，要在今年。已敕诸部严兵马，讫九月龙祠，悉集河上。唯陛下裁哀省察！(《后汉书》卷八九《南匈奴传》)

这等于说，请朝廷委派耿秉、邓鸿两人另外统领汉廷的军队从旁督战，而沿边各地或调兵同行，或加强戒备，以防变故，显示其别无异心。

屯屠何单于这样的说法，未必能够缓解汉廷大臣的戒心，更不会这么容易就改变其反对的态度，但这一提议却给窦氏兄妹提供了一个从困窘中脱身的绝佳机会。所谓机不可失，时不再来。是不是得到了小妹的密报，现在已经无从稽考，反正囹圄之中的窦宪正好也在此时上书朝廷，挺身而出，"自求击匈奴以赎死"(《后汉书》卷二三《窦宪传》)。

于是，窦太后便充分利用这个天赐的良机，诏命窦宪统兵北伐，"乃拜宪车骑将军，金印紫绶，官属依司空"(《后汉书》卷二三《窦宪传》)，也就是按照司空的级别来给窦宪配置下属人员。这哪里还像个戴罪之囚的样子，是正儿八经的远征军大元帅，甚至已经很像是天下兵马大元帅的阵势。尽管司徒袁安等三公九卿都到朝堂上书切谏，"以为匈奴不犯边塞，而无故劳师远涉，损费国用，徼功万里，非社稷之计"，袁安本人更是连续十次"至免冠朝堂固争"，极力申说绝没有出兵北征的理由和必要(《后汉书》卷四五《袁安传》)。

窦太后施展这一手法的奥妙，关键在于这是一场虽然根本没有任何理由打，但却是必胜无疑的战争。盖在此前的章帝元

东汉《袁安碑》拓片
（据1974年日本共同通信社出版
《中华人民共和国河南省出土碑刻画像石》）

和二年（85），北匈奴就已经相当衰弱，以致"党众离畔，南部攻其前，丁零寇其后，鲜卑击其左，西域侵其右，不复自立"，至南匈奴拟议出击北匈奴之前，其国更是"大乱，加以饥蝗，降者前后而至"（《后汉书》卷八九《南匈奴传》），衰弱得根本不堪一击。

既然必胜无疑，也就可以成功地为窦太后自己，同时也给大哥解套，既消解了彼此的尴尬，又可以借用这次战功为由头，使窦宪升官晋位，进一步掌控朝政。结果，窦宪官升大将军，窦太后把这一职衔的地位擢至三公之上（《后汉书》卷二三《窦宪传》，晋司马彪《续汉书·百官志》一），扩大了窦宪的权力，也提高了他的地位，亦即强化了窦家的权位。一举两得，政术的运作，相当老到。

四　暴君的功业和教主的意淫

大家学历史，最好是能够直接读一点儿古书，直接看一下原始的记载，这样就能够更加准确地认识，当时到底发生了什么事情和为什么会发生这样的事情。

例如，秦始皇三十二年（前215）蒙恬统领三十万大军北逐匈奴，这是秦廷开疆拓土的一件大事，也是整个中国疆域拓展史上的一项关键行动。那么，这是一种什么性质的战争，是反击匈奴内侵的壮举吗？完全不是，这只是缘于江湖骗子讲的一句胡话。

《史记·秦始皇本纪》记其本事如下：

> 三十二年，始皇之碣石，使燕人卢生求羡门、高誓。……因使韩终、侯公、石生求仙人不死之药。始皇巡北边，从上郡入。燕人卢生使入海还，以鬼神事，因奏录图书，曰"亡秦者胡也"，始皇乃使将军蒙恬发兵三十万人北击胡，略取河南地。

"羡门"和"高誓"都是古时候的仙人，当时秦始皇正一门心思希求长生久视，永享天下富贵，所以千方百计地求仙，求取仙人不死之药，而他派出去求仙的使者带回来的一件"图书"，也就是一块载录有图形谶语的符牌，警示他"亡秦者胡也"。东汉的鸿学巨儒郑玄，事隔多年之后稳稳当当地放了个马后炮，准确无误地解释说："胡，胡亥，秦二世名也。"不过对自己的孩子才可靠这一点，秦始皇当时是不会有任何怀疑的，他只能把这个有可能灭亡秦国的"胡"认定为北边塞外的"胡人"，这也就是匈奴。俗话说得好，先下手为强，后下手遭殃。横扫关东六国而一统天下的秦始皇，岂能坐以待毙？于是，秦始皇指令蒙恬带着三十万大军越过六年前刚刚修好的万里长城，浩浩荡荡地把那些在长城与黄河之间好好放牧的匈奴人赶将出去。

事情就这么简单，中国历史上的第一个统一帝国秦朝，就是以这样的侵略者面目出现在世人面前的，而绝不是一个爱好和平的天使形象。

接下来另一个祸国殃民的暴君汉武帝，在对外侵略扩张这一点上，同样一点儿也不比秦始皇逊色。《史记·朝鲜列传》所记汉廷发兵朝鲜的原委，对此就有清楚的体现：

> 朝鲜王（卫）满者，故燕人也。……会孝惠高后时，天下初定，辽东太守即约满为外臣，保塞外蛮夷，无使盗边；诸蛮夷君长欲入见天子，勿得禁止。以闻，上许之。以故满得兵威财物，侵降其旁小邑，真番、临屯皆来服属，方数千里。
>
> 传子至孙右渠，所诱汉亡人滋多，又未尝入见；真番旁众国欲上书见天子，又拥阏不通。元封二年，汉使涉何谯谕右渠，终不肯奉诏。何去，至界上，临浿水，使御刺杀送何者朝鲜裨王长，即渡，驰入塞，遂归报天子曰"杀朝鲜将"，上为其名美，即不诘，拜何为辽东东部都尉。朝鲜怨何，发兵袭攻杀何。
>
> 天子募罪人击朝鲜。

评议这段史事，判别西汉和朝鲜这两个国家之间在道义上的是非曲直，也是一件很简单的事情。

上述记载体现的汉、朝关系，可以划分为两个阶段。

第一阶段，从惠帝高后时期起，两国缔结协议，朝鲜作为汉朝的藩属国，确保塞外的蛮夷不侵盗汉朝边地，但这些蛮夷的君长要是想通过朝鲜的国土来朝见汉家天子，朝鲜不得阻拦。

对于任何一个国家来说，这种藩属国的名分，当然都是有些屈辱的，但与名分相比，得到好处才是实实在在的。

朝鲜从汉武帝那里获得的，正是这样实实在在的好处。即背靠大汉浩荡"兵威"，狐假虎威；再身领天朝无穷"财物"，具备了充裕的财力。这样有钱有势，也就好办自己想办的事儿了。结果是"侵降其旁小邑，真番、临屯皆来服属"，令其国土大幅度扩展，成了一个"方数千里"的不大不小的强国。

不过朝鲜事儿做得也不太讲究。如上所述，皇皇大汉，给它这个蕞尔小国助威是有条件的。在这些条件中，朝鲜真正履行了的，只有"保塞外蛮夷，无使盗边"这一条。其余那些条件，如既自认为"外臣"，本应该入汉朝见天子，可是却一向"未尝入见"；又如"诸蛮夷君长欲入见天子，勿得禁止"，可是当"真番旁众国欲上书见天子"时，朝鲜"又拥阏不通"，即横挡在路上，生生不让他们过来领受天朝大国的恩典。这些事对汉朝的老百姓虽然没有什么好处，却是汉家天子的最爱。朝鲜国王话说了不算，汉武帝当然很不高兴。其实稍微想一想就会明白，汉朝要求朝鲜"保塞外蛮夷，无使盗边"这一协议，与其说是令朝鲜替汉朝看家护院，不如说是花钱买太平，让朝鲜不要袭扰汉朝的边地，至于其他那些"塞外蛮夷"，因其不通过朝鲜便无法侵盗汉朝，故朝鲜履行这一协议，实际上也不过是在保卫自己的国土而已。总之，朝鲜只是在形式上兑现了自己最实质性的承诺，确保汉朝边疆的安全。

但国际关系就是这么回事儿，双方的约定，若是没有保证性的条款而只是一纸"君子协定"，双方具体执行的情况如何，只能是基于实力的平衡了。

当初吕后主政，和朝鲜订立这份看起来好像有些稀里糊涂的协议，是由于当时西汉的国力十分衰弱，北方正被强敌匈奴所困扰，如前面第一节里所谈到的，匈奴的冒顿单于甚至公然羞辱戏弄吕后，在这种情况下，只能尽量安抚朝鲜，以避免西冲东撞，两面作战，事实上也以此换取了东北边地的安宁。也正因为如此，才能从卫满到右渠，祖孙三代朝鲜王，都一直与汉朝安然相处。

可是，后来的局面发生了重大的改变。在汉武大帝君临天下的时候，通过盐铁专卖等颇具"国家资本主义"色彩的工商业管理措施，疯狂聚敛民财。结果，汉武帝觉得国家强大了，于是订立了一个征占土地的千年大计。汉武帝就是按照这个国家发展战略，有组织、有计划地四方出兵，扩张所统辖的国土。这个领土扩张计划的最后一环，就是要在公元前108年之前，突破秦始皇以迄汉朝初年汉、朝两国之间的边界线，把朝鲜半岛纳入西汉的版图。

了解到这个国家发展的大战略，就能更好地理解汉武帝出兵朝鲜的意图，也就是说，掠夺并统治这块土地，不仅是汉朝这次军事行动的基本目的，而且还是汉武帝开拓新边疆战略的重要组成部分。

随着这一宏大战略的展开，汉、朝关系在上述第一阶段的基础上，进入了第二阶段。于是我们看到，在"元封二年，汉使涉何谯谕右渠"。所谓"元封二年"，这并不是汉武帝当时使用的年号，而是事后为纪事方便而追加的用法，当时人就把这一年称作"二年"。用公元纪年来表示，这一年是公元前109年，离规划所限定的时间，只剩下一年。时间已经相当紧迫，汉武帝刘彻不能不加快推进的速度。

"涉何"是个人名，他是汉武帝派遣出使朝鲜的特使。"谯谕"的"谯"字，宋代以来很多《史记》的刻本，都是镌作"诱"字，今中华书局新点校本还特地注出了这些异文，但实际上是没有这种必要的。班固撰著《汉书·朝鲜传》，承用《史记》旧文，就是写作"谯"字，其后唐人司马贞撰《史记索隐》，所见到的太史公书写本也是如此。其镌作"诱"者，应是涉上文"所诱汉亡人滋多"之"诱"字而致讹，这是古书流传过程中常见的现象。唐初人颜师古解释这个"谯"字的含义是"责让"，即谴责的意思，犹如现在通用外交语汇所说的"严厉谴责"，这和"诱"亦即许愿收买是性质完全不同的两码事。

从汉、朝两国关系发展的前因和后果来看，当时根本不存在汉朝继续"诱"其国王右渠的条件和可能，因为汉武帝派遣涉何出使朝鲜的目的是挑起事端，以便其伺机吞并朝鲜，所谓"谯谕"，不过是想要借此激起朝鲜做出过度反应而已。

汉武帝让人谴责朝鲜的罪状，主要就是朝鲜国王没有按照当初的约定来朝拜大汉天子，同时还不让真番等国过境入汉。

汉武帝在派遣涉何去朝鲜声讨其罪过时，又给朝鲜国另加了一条罪状，即"所诱汉亡人滋多"，也就是妄自接收从汉朝逃去的民众，而且数量越来越多。

朝鲜这种做法，似乎颇有与汉朝为难的味道，至少是很不给汉家天子面子。可是中国自古以来的规矩，就是"有分土无分民"（汉何休《春秋公羊解诂》卷二桓公元年），用现在的话来讲，就是国家只管住国土不受侵犯，而老百姓可以自己选择喜欢的地方住，所以当年孔夫子便因其"道不行"而想要"乘桴浮于海"，就是因为中土君主无道而不得不移民海外。其实这也就是 1948 年底生效的《世界人权宣言》第十三条所规定的基本人权，即"人人在各国境内有权自由迁徙和居住"和"人人有权离开任何国家，包括其本国在内，并有权返回他的国家"。中国人一向安土重迁，大批人去国离乡，甚至远逃到朝鲜这种天涯海角的地方，自然都有不得已的苦衷。像孔夫子是出于自己的政治理想；而其他更多没读过什么书的普通百姓在汉武帝时期争相涌入朝鲜，则显然是汉武帝横征暴敛弄得民不聊生所致。因此，汉武帝更没有出兵征伐朝鲜的道义基础。

详细解析上述情况之后，我们也就很容易理解朝鲜国王右渠"终不肯奉诏"也就是拒不接受涉何训斥的道理了。

朝鲜国王右渠虽然断然拒绝了汉武帝的无理责难，但对其特使涉何依然是按照国际惯例以礼相待，特地派遣一位叫作"长"的小王子（裨王）陪同护送涉何，直至两国界河浿水（今清川江）岸边。涉何眼见没有挑起什么事端，给汉武帝以出兵

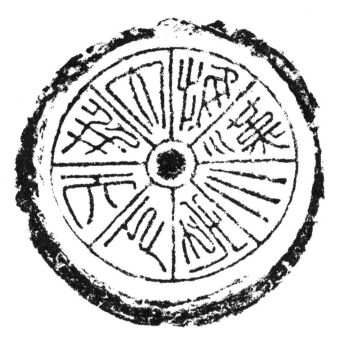

"惟汉三年，大并天下"瓦当
（据赵力光《中国古代瓦当图典》）

朝鲜的借口，竟然命令给他赶车的御者抽出刀来，回手刺死了送行的朝鲜小王子，然后渡河狂奔，上报汉武帝说杀了一名朝鲜的将领。这当然深合汉武帝本心，因为朝鲜绝不会对这种赤裸裸的挑衅无动于衷，必然要做出反抗，而朝鲜只要一动手报复，汉武帝也就可以"名正言顺"地发兵"平叛"了。为庆祝这一规划如愿实施，汉武帝命人制作了一种"特种纪念瓦当"，铭文曰："惟汉三年，大并天下。"这个"三年"也就是元封三年（后来追加这一年的年号为"元封"，只是当时还是徒称"三年"。别详拙著《建元与改元》），正值公元前 108 年。——这就是汉武帝出兵朝鲜的基本史实。

看过秦皇汉武的野蛮侵略，再来看窦宪对北匈奴的所谓征伐，我们就应该有一个更加平和的心态，合理地认识中原王朝对周边地区的武力征服，在基本的出发点上，不再像古往今来很多中国人那样，把这些军事行动看作是堂堂皇皇的仁义之师在替天行道，是在把灿烂的华夏文明推展于远方，实际上很可能是缘于帝王的某种私心（如秦始皇三十二年蒙恬北击胡人），或是缘于开疆拓土的帝王野心。

就北匈奴与东汉的关系而言，前面第三节已经谈到，当时北匈奴的国力已经非常衰弱，内部众叛亲离，外部遭受丁零、鲜卑、西域诸部以及南匈奴的四面环攻，并且还遇到严重的自然灾害，几乎败落到"不复自立"的程度。窦宪乘人之危，率大军横扫漠北草原，这和当年的秦始皇、汉武帝是一模一样的。即使换一个角度，完全站在维护东汉王朝利益的立场上

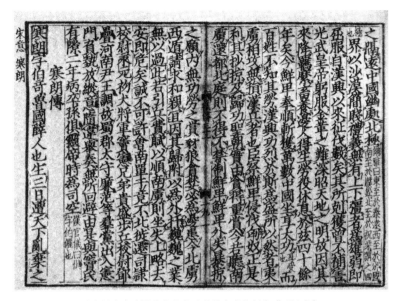

日本汲古书院影印南宋庆元黄善夫书坊刻本《后汉书》

看，这场战争也没有任何值得赞誉的地方。

假如东汉的作战目标就是驱逐或者歼灭北匈奴，那么，窦宪这次北出作战，确是正当其时；北征的结果，也堪称大获全胜。站在中原王朝的立场上，这确实很像是一项值得大书特书的功绩。

然而稍加思索，就会明白，这样的胜利，对于中原王朝来说，是没有任何实质意义的。这是因为由于生产方式的巨大差异，中原王朝实际上是无法直接占据北方草原地带的，最好的办法，是像清朝一样与草原上的游牧政权缔结稳定的政治同盟关系；退而求其次，则最好是让北方草原上同时并立两个或两个以上的政治势力，令其互相牵制，即所谓"以夷制夷"，以最大限度地减低对中原王朝的威胁。事实上，东汉立国以来，采取的就是后一种方针，而南、北两部匈奴的对峙，就是这一方针的核心体现。

前面已经讲到，南匈奴提议征讨北匈奴的目的，是想要重新统一匈奴南、北两部，因而简单地驱逐或者歼灭北匈奴，对东汉王朝迫在眉睫的威胁，就是统一匈奴的重新强大；假如当时崛起中的鲜卑乘虚而入，独霸北方草原，东汉也要面临同样的威胁，这种威胁甚至会比匈奴更大。当时北方草原及其周边地区的各个民族，相互攻伐，形势错综复杂，但这样的形势，对汉朝却最为有利。正因为如此，尚书宋意针对南匈奴的北伐动议指出："今若听南虏（德勇案：指南匈奴）还都北庭，则不得不禁制鲜卑。鲜卑外失暴掠之愿，内无功劳之赏，豺狼贪婪，必为边患。今北虏（德勇案：指北匈奴）西遁，请求和亲，宜因其归附，以为外扞，巍巍之业，无以过此。若引兵费赋，以顺南虏，则坐失上略，去安即危矣。诚不可许。"（《后汉书》卷四一《宋意传》）事实上正是由于窦宪此番北征，导致鲜卑势力急速扩张，并在后来给中原王朝造成了更大的灾祸。

可见窦宪北征之举，除了为他自己捞取政治资本以维护窦氏家族的政治地位之外，并没有给朝廷带来任何好处；对于东汉以及后来的中原王朝来说，甚至可以说是非常愚蠢的。

　　澄清上述基本史实，我们也就很容易理解，除了其攀附权贵的私欲之外，班固在当日是没有任何符合国家和公众利益的理由为窦宪歌功颂德的。我们看当时与班固齐名的儒士崔骃，虽深蒙窦宪赏识并被其辟为掾属，但在随军出征北匈奴时，见窦氏于"道路愈多不法，骃为主簿，前后奏记数十，指切长短"，绝不曲意献媚（《后汉书》卷五二《崔骃传》）。相形之下，愈见班固人品的低下。清朝的四库馆臣曾一针见血地指出："班固《燕然山铭》实为贡谀权臣。"（《四库全书总目》卷一八七"文选补遗"条）班固赞颂窦宪北征之举，是在谀颂权臣，为个人讨好处，后世当然也还有人称颂窦宪此番北征以及班固为之歌功颂德的《燕然山铭》。

　　历史很复杂，这些称颂者动机不一，各有各的缘由，不过其中最为荒唐、消极影响最大的一个事件，是宋徽宗强指今燕山为燕然山，并把辽人的"燕京"改名为"燕山府"。因为在这位北宋的亡国之君看来，他勾结女真，驱除契丹，勉强收复燕京地区，就等同于像当年的窦宪一样勒铭燕然山了。

　　然而宋徽宗驱除契丹，与窦宪赶走北匈奴一模一样，都是前门驱虎，后门迎狼，招致更大的灾祸。北宋的覆亡，就亡在这次引入的女真。所以，宋徽宗这一番自视为勒铭燕然的壮举，实际上也和窦宪当年命班固撰著并摩崖上石的《燕然山铭》一样，不过是一种想入非非的意淫而已。我们看他不满足于做主宰万民的人君，竟然还想同时做一世教主，自名曰"教主道君皇帝"。像这样想入非非的事儿，还真不是什么人都想得出来的，非得有"教主"般的自以为是不可。

历史是时间的科学，而时间是从古到今连续不断地流过的。从秦始皇、汉武帝，到宋徽宗，就可以清楚地看到，窦宪北征匈奴这一历史事件以及他指使班固写下的这篇《燕然山铭》，留给今天的一项重要价值，就是帮助我们更好地认识那些中国古代专制统治者必然要具备的双重面目："暴君"加"教主"。

【附案】本讲稿原定于 2018 年 8 月 17 日上午在上海展览中心之友谊会堂讲出，后因听讲者中有部分中学生，主办单位希望针对这些学生，讲讲如何学习历史知识，于是在临开场前决定改讲"怎样学历史"，此稿废而未用。

我看《燕然山铭》

2017年8月，蒙古国境内发现《燕然山铭》刻石的消息甫一公布，就在中国国内引起强烈反响；更加确切地说，是在社会大众层面和一般公众舆论中引发了强烈反应，而在学术界并没有激起太大波澜。

学术界相对的"淡定"，主要是因为《燕然山铭》刻石虽然久已不知所在，但这篇铭文的具体内容，载录在《后汉书》和《文选》这两部重要典籍当中，相关学者早已熟知，所以对这次找到的铭文原石，自然不会有那种"石出天惊"式的反应。

从更深一层的情况来看，相对于文字完整的传世文本而言，这次新发现的石刻铭文，字迹剥蚀磨泐已经相当严重，尽管其至真至纯，尽管其可依可据，可以勘正传世文本的一些讹误，可这是需要花费细致功夫逐一比勘的磨人事儿（在目前仍未看到清晰拓本的情况下，校勘工作尤为困难），而若不深入研究相关问题，校勘的意义又是难以体现的。明白这一点，人们就会理解，从总体上来说，学术界对《燕然山铭》只能做出这样的反应。这是正常的，也是合理的。

不过学术并不是只能供奉在象牙塔里的稀世秘宝，至少在历史学研究当中，有很大一部分内容，是可以同时讲给社会公众听、写给社会公众看的，而且也是能够让大家听得懂、看明白的。这一点，前两年出版的《海昏侯刘贺》，给了我很实际也很深切的体会。

当年三联书店提议让我撰写一本关于海昏侯刘贺的书籍，并没有特别考虑大众阅读的需求，而是希望我在旧有研究的基础上，从学术角度，集中、专门地论述一下刘贺墓考古发现带给人们的疑问和思索。所以，《海昏侯刘贺》这本小书写得并不通俗，其中很多论述还很艰深。尽管如此，由于海昏侯墓的考古发现已经激起社会公众对刘贺其人其事的浓厚兴趣，我这本小书，还是得到了广泛的欢迎和接受。这种情况，是我始料未及的，也启发我思索如何结合人们的普遍关注来深入浅出地阐述一些历史问题，以满足社会的需求。作为一名历史学工作者，我理解，这也是自己的职责。

《燕然山铭》的发现，又一次聚集起社会公众的目光，同时也激发出一片热议，一派欢腾。在这当中，也不乏一些专业人士以大致相同的面目参与其中。——尽管有些议论是以专业学术论文的形式刊布的，但究其实质内容，平平淡淡，几乎看不到什么与普通社会公众不同的、具有相应学术深度的认识和论述。

2018年8月，中华书局上海公司帮助我出版了一部研究《燕然山铭》这一发现的小书——《发现燕然山铭》。从相关学者公布这一发现，到我写成全部书稿，前后经历了八个月时间，而动笔撰写这部书稿，是缘自《澎湃新闻·私家历史》等电子学术刊物约我谈谈对这一发现的看法。因为想得多了，写得长了，最后就形成了这本小书。不过我对问题想得这么多，文字写得这么松散，还与《海昏侯刘贺》带给我的启发有关——我想在内容和形式上都能更多地关照社会公众的需求，尽量以一种更容易为普通读者接受的形式，表达我的看法。

在撰写《发现燕然山铭》的过程中，有一些基本观念，或者说是认识问题的态度，始终贯穿其间。为帮助读者理解，可以将其归纳如下。

首先，在学术研究的方法上，重视新发现背后的老背景，特别注重在一个更深、更大的背景下来阐述这一新发现的古刻旧铭。

在我看来，相较于传世文献所载录的历史事项，所有考古新发现，不管是文物、文献，还是遗迹，所传达的历史信息都是孤立、片面而且零散的。因此，要想切实、充分地解析和利用《燕然山铭》刻石，就要将其置于相关的整体背景下来考察，去阐发，而不是简单地就事论事。

譬如，利用新发现的《燕然山铭》刻石来校勘传世文本的文字，这是《燕然山铭》研究中的一项重要内容，乍看起来，似乎也是一项很简单的工作。但由于摩崖刻石的文字缺损严重，更负责任、更有价值的文本核定工作，就需要充分利用其他一些传世文本的文字和前人的校勘意见。在这方面，我做出了积极的努力。

又如，《燕然山铭》刻石的发现，在文本校勘之外的另一项重大价值，就是借此确定了"燕然山"的位置。这一点，对复原相关历史地理问题，特别是对我们认识汉代漠北草原地区的军事地理形势，具有重要意义。可是要想清楚理解和解释这些问题，并不是用 GIS（地理信息系统）定个坐标就能做到的，既要了解相关的文献记载，又要知悉历史地理学（旧称"沿革地理"）的研究历程。由于我系统接受的专业训练是历史地理学，在既往的研究中，又一向偏重基本文献资料的搜集和利用，所以，在解析这一重大发现的历史地理学价值时，也努力关照了更大的背景并努力做出更加系统的分析。

在这一问题上，努力关照学术大背景的结果是让我发现，唐代以后，中原汉族政权及其属下的民众，在认识和认定燕然山这座小山的位置时，更多的是把它看作一个象征汉族政权武力强盛，特别是其开疆拓土辉煌武功的政治符号，宋、明两朝尤甚，时下许多人为发现《燕然山铭》刻石而欢欣鼓舞，实质上也是出于同样的心理。

这就涉及我撰述这本小书的基本文化观念：强烈反对狭隘的民族主义，大力弘扬与其他国家和种族和平相处的现代文明意识。当然对具体历史事件的评价（如导致《燕然山铭》产生的窦宪北征之役），首先要实事求是，尽力揭示史事的真相。

但实际上恰恰是狭隘的民族主义观念会严重妨碍人们客观地认识历史。

最后，我想引述我在这本小书结尾处写的一段话，告诉人们，作为一个历史学人，在撰述这本小书和从事所有学术研究时的基本态度："发现这通摩崖刻石，其最大的社会作用，便是警醒当今的历史学家，时刻以天下苍生为重，把握好手中那支笔，走好脚下的路。人在做，天在看。"读者先翻到最后一页，看过这段话，再从头阅览这本小书，或许能够对它有更好的理解。

2018 年 11 月 25 日

远方那座山

——发现《燕然山铭》背后的历史

2017 年 8 月中旬，也就是大致在一年以前，内蒙古大学的历史学者，公布了此前与蒙古国学者合作考察蒙古高原历史文化遗迹所取得的一项重要成果，引起世人广泛关注。——这就是在蒙古国境内发现了东汉时期著名学者班固为纪念窦宪北征匈奴的胜利而撰写的《燕然山铭》。

这篇铭文，在传世文献中本来存有过录的文本：一见于南朝刘宋范晔撰著的《后汉书·窦宪传》，再见于萧梁昭明太子萧统编纂的《文选》。新发现的摩崖石刻铭文，虽说是东汉当时刻在山丘石壁上的"原件"，可是与传世文本相比，文字内容的差别，并不是特别巨大。那么，这一发现的价值又体现在哪里呢？

在这里，我想告诉各位读者，它首先让我们清楚了解了镌刻着铭文的那座山，其次才是刻在山崖上的那篇铭文。下面，我就从远方那座山谈起，谈谈那座山和山上那篇铭文背后曾经发生过的那些故事。

《燕然山铭》刻石局部
（据《中国收藏》2017年第10期）

一　荣耀的山，还是蒙羞的山

　　提起燕然山和刻在山上的《燕然山铭》，很多人都会随口吟出"浊酒一杯家万里，燕然未勒归无计"的名句。苍凉的诗句，抒发了一代名臣范仲淹为北宋苦苦防守西北边疆时的无奈穷愁。所谓"燕然未勒"，就是借用窦宪勒铭燕然山的往事作为建功立业的标志，来描摹他正在参与的那场看不见尽头的战事。

　　与此相比，下面这首陆游的诗，尽管也颇有壮志未酬的悲凉，却还是充溢着积极进取的意向，因而似乎更能契合窦宪勒铭燕然山的本事：

　　　　腰间羽箭久凋零，太息燕然未勒铭。老子犹堪绝大漠，

诸君何至泣新亭？一身报国有万死，双鬓向人无再青。记取江湖泊船处，卧闻新雁落寒汀。（陆游《剑南诗稿》卷一四《夜泊水村》）

以勒铭燕然为标志而光复中原故土，在这里被陆游视作人生的志向。实现这一志向，乃是陆游人生的无上荣耀，所以临终前不忘叮嘱儿子"王师北定中原日，家祭无忘告乃翁"。在陆游的心目中，燕然山俨然是一座无上荣耀的山峰。实际上，在范仲淹的心中，同样如此。这可以说是赵宋王朝读书士子共有的一种情怀。

然而，若是回到汉朝的真实场景，我们就不难看出，这在很大程度上只是出于他们的一种想象，是两宋时期这些人面对外敌侵逼而在脑袋里生成的一个幻象。这种向往，当然可以带给他们精神的鼓舞，但因为并不是事实的存在，有时可能会造成神经的错乱，给身体造成戕害。

东汉时期窦宪的北征匈奴，从表面上看，当然可以说是取得了辉煌的胜利。

自从秦始皇时期起，中原王朝与北方草原上的匈奴，就一直处于严重的冲突之中。

在秦统一六国之前，秦、赵、燕三国就在北方大力向外拓展边境，从而大幅度压缩匈奴等北方游牧民族的生存空间。逮秦始皇一统天下，当年就动工修筑了所谓万里长城，以确保战国以来秦、赵、燕诸国北拓疆界成果不失。至秦始皇三十二

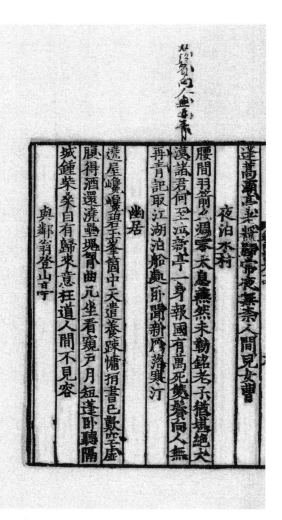

《古逸丛书三编》影印南宋刻《新刊剑南诗稿》

年（前215），又由于有个来自燕国旧地叫作卢生的骗子，偷着做了个符，在上面弄上了"亡秦者胡也"五个字。这真是所谓"鬼画符"的事儿，可是这位一心想要长生不老的暴君却当真了。秦始皇把这个"胡"理解为北方的胡人，也就是匈奴。于是，派遣大将蒙恬率领三十万大军又一次向北大幅度推移边境线，占领今阴山以南、战国秦长城以北的全部疆土，匈奴则由此又失去一块战略要地。结果，使得中原王朝与北方匈奴民族的矛盾，更趋激烈，武力冲突，持续不断。至西汉时期，愈演愈烈。

若是站在中原王朝自身利益的立场看，北方的匈奴，可谓头号外敌，也可以说是威胁其安全的心腹大患。

这样来看东汉时期窦宪的北征，其历史意义，是彻底赶跑了占据蒙古高原三百多年的宿敌，算得上是一场空前的大捷，而且胜得易如反掌，自然可以说是一项很大的荣耀。相应地，铭刻其纪功铭文的燕然山，便成为一个荣耀的山头。

然而我们若是再多看一看这座小山过往的历史，它却还有过与此截然相反的另一番经历。

"燕然山"这个山名，最早见于《穆天子传》，但《穆天子传》中的"燕然山"是个汉语地名，而北方草原上的这个"燕然山"，却应该是匈奴语的地名。彼燕然山，非此燕然山。看一看它在《汉书·匈奴传》最初出现的时候是与"速邪乌"这个匈奴语地名连称，书作"速邪乌燕然山"，就很容易看出这一点。

按照《汉书》的记载，在西汉武帝征和三年（前90），贰师将军李广利率领七万大军浩浩荡荡地北出五原塞，征伐匈奴。风风光光地杀出去的兵马，想不到在回师途经燕然山时，却遭匈奴伏击，遭致全军覆没，统兵的将军李广利本人则在山脚下屈身投降（《汉书·武帝纪》《汉书·匈奴传》）。

这就是历史上真实发生的事情，燕然山就是以这样一种姿态出现在中国历史上的。在这里，不仅没有一点儿荣耀的光影，贰师将军李广利损了自己的面子不算，更在这座山下使汉朝蒙受了巨大的羞辱。因此，不管是从它最初呈现的形象来看，还是从汉家与匈奴争斗的历史渊源来看，这座燕然山，都应该说是一座令汉廷蒙羞的山，范仲淹和陆游等赵宋时人不过是刻意选择了另一种他们更愿意记取的记忆而已。

二　推起来很远，挪过来很近

两汉时期经历过如许重大战事的燕然山，在魏晋南北朝之后，逐渐淡出史籍的记载。匈奴被窦宪驱赶离开蒙古高原以后，北方草原地带相继为鲜卑、柔然（即蠕蠕）和突厥所据有。时移世变之后，内地中原的书生，实在难以弄清当年这些化外异族所说的地名、山名到底在哪里。唐初人颜师古注《汉书》的时候，就对这座名山的所在说不清楚。稍后章怀太子李贤率人注释《后汉书》，更是对《窦宪传》中"燕然山"这个重要地名未著一语。这显示出颜、李二人在当时的社会背景下，已经实在无从查找到相关的资料，只模模糊糊地知道那是一座远方的山而已。

因为没有确实的资料可以依据，人们便凭着自己的想象，纷纷胡乱推测其可能存在的地点。例如《旧唐书·北狄传》记载，贞观二十一年（647），"契苾、回纥等十余部落以薛延陀亡散殆尽，乃相继归国。太宗各因其地土，择其部落，置为州府：以回纥部为瀚海都督府，仆骨为金微都督府，多览葛为燕然都督府"（《旧唐书》卷一九九下《北狄传》下）。这个"燕然都督府"的名称，显然与唐人所理解的燕然山相关。谭其骧先生主编的《中国历史地图集》，复原这个"燕然都督府"的位置，是在今蒙古国的首都乌兰巴托附近，这显示出在李唐朝廷中一些人看来，当年的燕然山，就应该坐落在这一带。

正因为没有清楚的文献记载，唐人可以把它向远方推去，而且一推就推得很远；逮江山易主改换成赵家的天下以后，宋人当然也可以把它再挪过来，而且可以把它挪得很近。

当北宋皇室击鼓传花般地把皇位传到实际上的最后一个皇帝宋徽宗的时候，这位皇帝竟然偶发奇想，做起强国梦来。

当时北方的辽国国势衰微，东北刚刚崛起的女真则气势正雄。审时度势，对于北宋来说，合理的国策，只能是适当扶助契丹，利用它作为防御女真的缓冲器。可是愚蠢的宋徽宗，却做出了一个与之相反的决策：同女真结盟，南北夹击，一举灭掉契丹人的辽国。这无异于引狼入室，结果是除了他这位"教主道君皇帝"本人，谁都不难想象的。

宋徽宗的具体筹划，是收复澶渊之盟割让给契丹的幽州（即今北京）周边地区。不过北宋的兵实在不顶事，实际上是靠女真人的施舍，才勉强进入这一区域，同时这一区域犹如处在虎口之中，随时都可能被金兵攻下。

办砸了的外交，无以挽回。女真这匹豺狼虽然已经入室，可宋徽宗却浑然不顾亡国的危机而更在意维护自己在百姓面前的形象。

于是，为了彰显联金制辽这一决策的圣明，宋徽宗宣布把辽人的"燕京"也就是以前的幽州改名为"燕山府"。其中的奥妙，在于他强行把这里和燕然山联系到一起了。宋徽宗在诏书里特别讲述说："燕京，古之幽州。武王克商，封邵（召）公奭于燕，以燕然山得名。"这完全是没有任何依据的胡说八道，一下子把燕然山从蒙古高原拉到了华北平原的北缘。把它挪得离中原很近，简直就是近在咫尺，犹如变戏法一般神奇。

宋徽宗之所以硬要把西周以来的"燕山"（也就是现在的燕山）硬说成是汉代的"燕然山"，就是要把宋军收复燕京同窦宪北伐匈奴获取的所谓胜利紧密联系到一起，以此来极力夸耀这一行动的历史意义，将其提高到足以与窦宪驱逐匈奴的丰功伟绩相提并论的程度。这样，或许能多少纾解一下他所遭遇的困窘和尴尬。

不过假的就是假的，燕山终究没有变成燕然山，垂死的北宋也无法靠强撑的面子继续坚持下去。没过多久，北宋就被女真人灭掉，宋徽宗赵佶和他的儿子赵桓也被女真人赶到混同江（今松花江）畔去了。

三 的真的铭文，的真的燕然

燕然山的位置，是一处重要的坐标基点，包括窦宪北征之役在内，两汉时期一些重要战争的地理进程，都需要依赖它来确定。若是不能正确地断定燕然山的位置，就无法复原与之相关的一系列历史地理要素的空间状态。

进入清朝，人们对燕然山位置的认识开始改变。清代中期以后，考据学兴盛，而对古代地理的考据也在其中占据了很重要的地位，这就使得一些学者试图更明确认定燕然山的位置；同时，由于清廷辖有蒙古草原，也使得这样的研究在客观上具备了比宋、明时期更为便利的条件。

不过由于缺乏可靠的文献记载，他们实际上只能根据地貌山势来做推断。按照官修《大清一统志》记载的情况，这些学者以为燕然山就是今天的杭爱山。

今天的杭爱山是一条很长很大的山脉，它的东端截止于鄂尔浑河岸边，清人的看法也是如此。《大清一统志》明确记载说，杭爱山"在鄂尔坤河之北"，或者说鄂尔坤河的源头"出杭爱山南"（清官修《嘉庆重修一统志》卷五四四《喀尔喀·山川》之"杭爱山"条及"鄂尔坤河"条），鄂尔坤河

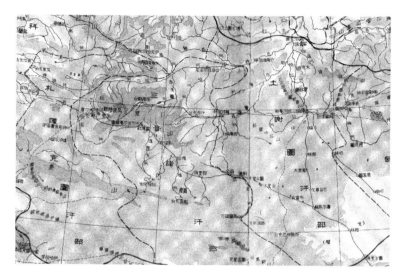

《申报》六十周年纪念《中国分省新图》上的杭爱山

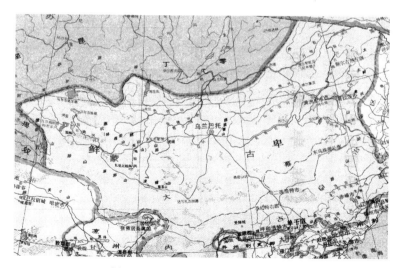

《中国历史地图集》之东汉《鲜卑等部》图

就是现在的鄂尔浑河，这意味着清人所说的杭爱山，其东端应截止于鄂尔浑河以北、以西；也就是说，清朝学者考证的燕然山，最东也东不过这里。

晚近以来，研治古代舆地的中国学者，基本上是继承了上述以《大清一统志》为代表的清代学者的看法，把燕然山等同于鄂尔浑河上源以西的杭爱山脉。谭其骧主编的《中国历史地图集》以及其他一些著作，都是持此观点。

若是没有去年发现的《燕然山铭》摩崖石刻，人们的认识只能如此，而去年8月发现的《燕然山铭》，给我们提供了一项全新而又十分可靠的证据，来重新认识燕然山的位置所在：因为这是窦宪北征路上镌刻在石壁之上的真的铭文，镌刻着这篇铭文的山丘自然是的真的燕然山。什么文献的记载，也不如这项发现更加可靠，更加明确。我们应该好好感谢内蒙古大学和蒙古国学者的这一重大学术发现。

那么，这次发现《燕然山铭》的山地又在哪里呢？——这里在鄂尔浑河以南、以东很远，它是在一条名为"翁金河"的河流东岸，是一块面积很小的孤立山丘。《大清一统志》记述说，杭爱山是在"翁金河西北五百里"（清官修《嘉庆重修一统志》卷五四四《喀尔喀·山川》之"杭爱山"条）。这种情况，也就意味着清廷官修《一统志》所推定的燕然山，不仅不会是现在发现《燕然山铭》的地方，而且至少向西北偏离其实际地点五百里以上，这显然存在着很严重的谬误。

燕然山坐落在这样一个前人从未想到过的地方，似乎稍显

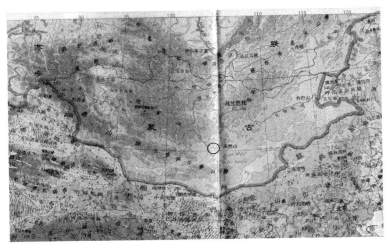

《中国自然地理图集》之《中国地势图》

怪异，然而仔细分析这一位置，却可以看出，窦宪在这里刊刻《燕然山铭》，是具有充分合理性的。

在蒙古高原中部有一段所谓绝水地带，史称"大漠"。这个"大漠"，对南来北往造成很大阻隔，其南、北两面分别被称作"漠南"和"漠北"。燕然山位于漠北，但却是漠北最靠近漠南的地方，其西侧由北向南流淌的翁金河，也是漠北最接近大漠的河流；同时，在漠南方面，最接近大漠的农业区域，便是黄河河套地区。另一方面，往来于河套与翁金河两地之间的通道，是漠南、漠北之间最为捷近的通道；由河套和翁金河分别去往古代蒙古草原的核心地带鄂尔浑河流域或是周秦汉唐都城所在的渭河谷地，同样最为捷近。

知悉上述燕然山的区位特点，我们也就很容易理解，当年窦宪在击溃北匈奴后班师回朝的途中，为什么会在燕然山上刊石纪功，而不是其他地方：第一，当然因为燕然山是往来大漠南北必经的地方；第二，正因为这里是往来大漠南北的必经之地，才能够使其铭文广为人知，取得最大的宣传效果——那座山虽然很远，但地方却很重要。

四　是纪功碑，抑或耻辱柱

从表面形式上看，班固撰写的这篇《燕然山铭》，是给窦宪歌功颂德，算得上是一篇纪功碑文。但这只是当时班固撰写铭文、窦宪命人在石壁上镌刻铭文时的主观愿望，后人看待历史遗物，固有自己的价值判断，是非功过，由不得他们。

窦宪此番北征，看似战果辉煌，实际上即使完全站在大汉王朝的立场上，也丝毫不值得赞扬。这是因为匈奴虽然是秦代以来中原王朝的心腹祸患，但在窦宪此番出兵讨伐之前，业已虚弱不堪。其情形，正与宋徽宗联金灭辽之前的契丹差相仿佛。

从总体形势上看，北方蒙古高原，必定会存在一个与中原农耕文明不同的游牧政权，而这样的游牧政权也很难避免同中原王朝发生冲突。面对这样的形势，中原王朝的合理选择，简单地说，只有一个，那就是努力控制局面，让草原上维持一个弱势的政权，以减轻威胁。

东汉立国未久，就对匈奴分而治之。当时匈奴分裂为南、北两部，南匈奴依附于东汉，居住在汉朝的北方边地，北匈奴则留在以鄂尔浑河为中心的漠北草原区域。南匈奴和北匈奴的对峙，大幅度降低了对汉朝的威胁，这应该是对汉朝最为有利的局面。

窦宪出兵征讨北匈奴，可能造成两种结局：一是南匈奴北归，重新建立统一的匈奴帝国；二是其他北方民族控制北匈奴留下的真空地带，兴起一个更加强盛的草原帝国。不管哪一种情况，对中原王朝，都十分不利。因而，对于东汉来说，窦宪这次北征和后来宋徽宗灭辽一样，是一项很不明智的举动。从大的形势上看，这首先就无功可纪了。

再就窦宪的具体动机来看，这次劳师动众的远征，实际上是很不光彩的，完全是窦宪和他妹妹窦太后策划的一场政治表演。

汉章帝去世以后，和帝继位。但和帝年幼，窦太后便以母后的身份执掌朝政。窦宪是窦太后的哥哥，自然是她倚仗的主要帮手。就在窦氏兄妹控制朝政尚不稳固的时候，窦宪由于担心他人分散自己的权力，指使人杀掉了窦太后心爱的情人，而窦太后在盛怒之下，把哥哥关押治罪。

窦宪杀妹妹的情人和窦太后关押自己的哥哥，都是感情冲动之下一时做下的糊涂事儿。稍一冷静下来，自然很容易明白，窦太后要想控制住权力，要想保证窦氏家族的利益，没有大哥的协助，是万万不行的。不过满朝的大臣都眼睁睁地看着

72

呢，也不能把朝命当儿戏，说抓就抓，说放就放。现在面临的窘境，是兄妹二人如何体面地解开这个套。

让窦宪戴罪立功，就是他们解套的办法。因为北匈奴当时已经不堪一击，出兵征之必获大胜。有了这个重大军功，不仅可以给窦宪解除罪过，还能再给他加官晋爵，窦氏兄妹也就可以更加牢固地控制朝政。

于是，我们就看到了窦宪的北征，看到了这场好像是很辉煌的胜利。结果，伴随窦氏兄妹对东汉朝政的全面掌控，开启了东汉历史上外戚干政和宦官专权这两大弊政。更远一些的祸害，则是鲜卑的入主中原。这就更没有丝毫功绩可以铭记了。

这样，我们今天看《燕然山铭》这通摩崖石刻，就怎么也不像是纪功碑，更像是耻辱柱了——既是窦宪的耻辱柱，也是为谄媚窦宪而写下这篇铭文的班固的耻辱柱。

回顾历史，思索未来，远方那座山看起来在空间和时间上似乎离我们都很远，实际却很近。

2018 年 8 月 23 日晚记

燕然山上的新发现

　　2019 年 12 月 11 日，应内蒙古大学齐木德道尔吉教授之邀，参加了该校举办的"中蒙联合考察燕然山铭成果座谈会"。齐木德道尔吉先生和他领导的团队，向与会者介绍了发现《燕然山铭》的经过，特别是重点介绍了今年夏天六七月间中蒙双方联合考察所取得的一些最新进展。

　　敝人有幸蒙邀与会，对齐木德道尔吉先生给予的这一学习和切磋的机会，深表感谢，也对齐木德道尔吉先生和他的团队以及蒙古国学者为此做出的努力与贡献表示由衷的敬意。

　　齐木德道尔吉先生特邀金石专家陈国荣先生参加了今年夏天这次考察。延请陈国荣先生拓制出的新拓片，效果比 2017 年夏天第一次考察时制作的拓本要完善得多，也精美得多，最大限度地呈现了这一刻石的本来面目。陈国荣先生在会上向大家报告了拓片的制作经过，同时也讲述了他对铭文刻制过程和刻制方式的认识。这些内容，令敝人获益良多，特别是从中获得不少对《燕然山铭》的新认识。这也是齐木德道尔吉先生组织这次考察的费心之处，是他为在基础研究层面上把《燕然山铭》的研究扎扎实实地推向深入而付出的积极努力。

齐木德道尔吉先生所率团队的主要成员高建国先生，在会上讲述了《蒙古国发现的汉文摩崖及其命名》和《燕然山位置考》两篇文稿，从两个不同的侧面报告了他的新研究。其中很重要的一项内容，是主要根据陈国荣先生的新制拓片对铭文文字所做的辨析，纠正了一些此前敝人依据网上旧拓片做出的错误推断和一些不尽适宜的认识，这也是让我深表感谢的新见解。

有机缘参加这次座谈会，聆听诸位专家的高论，特别是陈国荣先生和高建国先生的具体见解，获益良多；诸位的高见，也促使我进一步思索一些相关的问题。只是这样的思索，目前还只是一时想到的非常初步的想法，有些更具体的认识（如文本识读和裁定）更有待在高建国先生已有认识的基础上做出细致的分析和说明。下面，只是想就自己意识到的几个重要问题，非常粗略地谈谈我的浅显感想。

在这次座谈会上，令我非常激动的一项讯息，是齐木德道尔吉先生的团队正式公布了一项重要新发现：在《燕然山铭》铭文下方发现"汉山"两个字。

据齐木德道尔吉先生介绍，严格地说，《燕然山铭》摩崖刻石并不是由他首次发现的，前此很多年，已经有人注意到这些刻在崖壁上的文字，甚至还有蒙古国以外的人士捶制过拓本，但并没有引起学术界关注，社会上更是知者鲜少。直到齐

陈国荣先生在石崖前拓制"汉山"两字

木德道尔吉先生和他的团队从历史学角度揭示出这篇铭文的重大意义，才被学术界和社会大众广泛了解，并引发一系列学术研究。

相对于《燕然山铭》石刻铭文本身，"汉山"这两个镌在石壁上的文字，则可以说完全是由齐木德道尔吉先生做出的一项全新发现。

这个新发现，虽然只有简短的两个字，可它的意义却是与《燕然山铭》同等重要的。若是考虑到《燕然山铭》的文字内容在《后汉书》和《文选》当中原有完整的文本传世（尽管其文字内容有所讹变，与班固原文不尽一致），并没有失传，没有被历史湮没，那么，"汉山"两个字，由于它不仅别无传本，而且此前人们对它乃是闻所未闻、一无所知，可谓骤然间呈现在蒙古高原的石崖之上，因而它对历史研究的作用，甚至可以说是超过了《燕然山铭》刻石铭文很多，具有更加独特的史料价值。

那么，它的意义和价值何在呢？

首先，关于《燕然山铭》的性质，也就是说它是一篇干什么用的石刻铭文，过去我在《发现燕然山铭》一书中已经专门做过辨析。

当时我谈到，像这样一些在刻石中没有标示篇题的古代铭文，若是没有特别的原因，依从惯例，后人是用刻石所在的地点来为其拟定篇名的，如《石门颂》《西狭颂》等都是如此。这样一来，由于这篇铭文镌刻在燕然山上，就应以称作《燕然山铭》为宜。后世有人也确实是这样称述它，如隋人杨素以及唐初虞世南编著的《北堂书钞》，都是如此称述这篇铭文。

可是，如同很多读书人所知悉的那样，在南朝萧梁昭明太子萧统编著的《文选》中，为它拟定的标题，却是《封燕然山铭》。

虽然只是增多了一个"封"字，意义却大不相同。这就是依照惯例，所谓"封燕然山铭"，意味着这是一篇为在燕然山封禅而撰写并镌刻上石的铭文。尽管窦氏兄妹为给犯案在身的窦宪解套，再给他加上一道神圣的光环，确实让窦宪在燕然山代汉和帝搞过一场封禅的典礼，但现在我们看到的这篇刻石铭文的内容，却与所谓封禅毫无关系，只是"刻石勒功，纪汉威德"（《后汉书·窦宪传》），因而依从通例，还是应当题作《燕然山铭》。

问题是若如此为这篇摩崖刻石拟定篇名，自然有人会对铭文中"封山刻石"的说法感到困惑——这个"封山"若不是指封禅又是指什么？另外，铭文结尾还有"封神丘，建隆（今案：据新制《燕然山铭》拓片，此"隆"字当正作"陆"）碣"的说法，加上这个"封"字，更容易使人把这篇铭文同所谓封禅联系到一起。前此我在《发现燕然山铭》那本小书里虽然是把这个"封"字解作"封疆画界"之"封"，但并没有能够对此字做出更加通畅的解释。为什么？所谓"史阙有间"，史料不足征是也。

现在，借助齐木德道尔吉先生发现的"汉山"二字，便可

江苏连云港连岛苏马湾界域刻石

以对此做出清楚又更加确定的解答。这就是所谓"封山刊石"，指的是把这座燕然山视作汉、匈疆域的分界标志，以此山来"封疆画界"，并刻石铭文，以纪其事。更具体、更明确地讲，"刊石"是指在燕然山的崖壁上刻出"汉山"二字，以标示（"封"）这个山头是汉、匈两国间的"界封"。如果单纯就字面含义来解释这两个字的话，所谓"汉山"就是"汉家之山"的意思。

作为"封疆画界"之义的"封"字，其本义应当是指积土成堆，以示疆界。其作用与现代国界上的界碑约略相当。但至迟在西汉时期，就已经出现通过刻字于石的形式，来标示两块地域之间的分界线。实例包括河北武安的西汉"赵国易阳南界"刻石以及江苏连云港连岛的羊头窝和苏马湾两处界域刻石，后两处刻石是新莽时期东海郡朐县和琅邪郡柜县两县之间分界的标识。在《水经注》里我们还可以看到洛阳北界碑、冀州北界碑、幽冀二州界石、河南界与洛阳南界碑等地域分界石碑。另外，虽然没有刻字，但以一根石柱作为分界线的还有西汉京兆尹与左冯翊两郡的分界线，见于《水经·渭水注》的记载。这些情况都向我们表明，以"刊石"的形式来"封山"，是当时的通例，合情合理，毋庸置疑。

就窦宪北征时汉、匈双方实际控制的地域而言，是北匈奴居于漠北而东汉和依附于东汉的南匈奴控制着漠南。这里所说的"漠"，亦即"大漠"或"大幕"，是蒙古高原上一条东西向延展的绝水地带。《燕然山铭》刻石所在的燕然山，虽然是坐落在大漠以北，但却是漠北最靠近大漠的地方，其西侧由北向南流淌的翁金河，是漠北最接近大漠的河流。经由翁金河谷地穿越大漠，则是中原地区与漠北地区往来最便捷、最常走的通道。

了解这样的地理形势，我们就很容易明白，窦宪在这里"封山刊石"，实际上就等于是在既有事实的基础上，进一步确认了汉、匈双方之间的实际控制线——大漠。即以汉匈交通要道之上、大漠北部边缘的燕然山作为边界线的"封"，这既非常显著，又切合实际情况，实在是设立这种标识的最佳地点。窦宪在击溃北匈奴之后，南匈奴势力急剧扩张，其单于屯屠何试图重返漠北，再建统一漠南漠北的匈奴大帝国，这一图谋被窦宪及时阻止，并计划重新扶持北匈奴余部于漠北，这实际上仍旧是在维持东汉朝廷直接控制漠南的局面，也就是说依旧保

《燕然山铭》拓片（局部）

持着以燕然山为标志的这条大漠分界线。

其次，借助"汉山"二字的发现，我们可以进一步明确，镌刻着铭文的这座小山，就是燕然山。

"汉山"二字与铭文中"封山刊石"一语相互印证，再加上这座小山所处的特殊位置以及在这一位置上标示"汉山"的实际地理意义，有助于我们更好地理解窦宪选择在这里刊刻这篇《燕然山铭》的政治意图。

关于《后汉书》等史籍中燕然山的位置，过去由于没有清楚的记载，历代学者仅做过粗略的推断。前此我在《发现燕然山铭》一书中已经强调指出，这篇刻石的发现，使我们得以清楚确定铭文所在的这座小山，就是燕然山。这也是发现《燕然山铭》刻石所带来的一大学术收获。

由于蒙古高原及其邻近地区，在古代很长一段时间内，留在史籍中的诸多地名往往仅有相对位置关系而缺乏确定的坐标点，给认定这些历史地名所在的具体位置带来了极大困难。现在凭借这通刻石确定了燕然山的位置，学者们就可以在日后的研究中，进一步落实很多汉唐之间的地名，其学术价值之大之广，可想而知。

不过历史研究是复杂的。一些学者在《燕然山铭》发现之后，仍对燕然山的位置另有思考。这些学者思考的路径，主要是依据《后汉书·窦宪传》的记载，窦宪率军"去塞三千余里"才到达燕然山下，而现在发现刻石铭文的这个地点距离东汉边塞，要大大小于"三千余里"这一里程，因而推断这里不大可能是东汉时期的燕然山。

关于这个里程，怎样理解，是一个可以继续思考的问题，并不一定指的就是燕然山与东汉北边之间的距离。但不管怎样，研究古代地理问题，里程出现错误和混乱是经常发生的事情，当我们确定某一地点所在的位置时，在另有其他更加清楚的记载的情况下，对此自不必过分拘泥和纠缠。按照我的看法，《后汉书·窦宪传》既然明确记载窦宪是"登燕然山"来"刻石勒功"的，那么镌刻着这篇铭文的那座山，必定就是燕然山。这是一个十分简单也应该是毫无疑义的问题，似乎没有必要别生枝节，另求答案。

第三，审核齐木德道尔吉先生带领他的团队这次新捶制的拓本，进一步确认了前此我认为传世文本《燕然山铭》增衍的那个"遂"字，判断无误。

《燕然山铭》刻石的文字，与《后汉书》和《文选》中的传世文本有诸多不同，但最重要、最具有实质性意义的，便是这个"遂"字，即"遂逾涿邪，跨安侯，乘燕然"这段话中的"遂"字。有这个"遂"字和没有这个"遂"字，对理解窦宪北征的行军路线和确定燕然山的位置，都关系重大，其具体情况，我在《发现燕然山铭》一书中已经做过相当细致的阐释，并且还绘制地图做了形象的表述，这里就不再重复了。

最后，关于这篇铭文的文字校订，如前所述，高建国先生已经依据新捶制拓片做了很多工作，听了陈国荣先生报告的情况，我对这篇铭文的镌刻状况也获得了一些新的重要认识。在此基础上，稍后我将尝试再进一步做些工作，希望能够把这篇如此重要的古代铭文的文字，订定得更加准确一些。

在这里，我只是简单地谈谈关于这方面问题的总体认识。

一是根据陈国荣先生介绍的石面上的具体情况和新拓本所见句中有提行的情况，可以改正此前我认为第一行字数较少和第二行字数过多是刊刻时石面崩毁所致的判断，而这应与礼敬帝室提行刊刻有关。

二是此前敝人认为，整篇铭文，是由写工按照固定的格式事先整篇书写上石后，再由刻工动手雕凿。根据陈国荣先生介绍的文字刊刻情况，可以进一步确认这一点。只是在刻工上手之际又临时调整重写了部分字行。

三是根据新拓片上显现出来的更多的文字，可以明确判定，刘球《隶韵》中收录的《燕然山铭》文字，应是出自宋人赝造，而不会是出自原石拓本。在这次座谈会上，高建国先生在很大程度上已经指明了这一点。这也是齐木德道尔吉先生的团队提供的一项重要信息。

四是此前我认为石刻结尾处的有韵"铭文"不像传世文本那样带有"兮"字，应是其本来状态，而不会是因石面缺乏足够的空间而省略未刻那几个"兮"字。现在根据陈国荣先生介绍的情况，在已经刻字的这一部分石面的下部，还多凿平很大一段石面，这意味着在书写铭文上石的时候，完全有足够的空间可以容纳更多的文字，即完全可以刻下那几个"兮"字，从而证明我的判断是正确的。这是中国古代文字形式生成衍变史上一个比较重要的问题，也可以说是发现《燕然山铭》刻石带给学术界的一项重要贡献。

五是关于《燕然山铭》上石镌刻的情况，据陈国荣先生介绍，刻工不仅十分用心，而且技艺高超，刀凿等工具齐备。这种情况，更进一步证实此前我在《发现燕然山铭》一书中对这篇铭文性质的判断——这是窦宪在明知北征匈奴是一场必胜无疑的战争的前提下，为了彰显自己所谓战功和荣耀而预先设置好了的节目。因为远涉大漠出征作战的士兵，应该装备弓箭刀枪，却不必带着在石崖上刻字的家伙事儿，一定要带，而且带这么专业的工具，必定是专门去给统帅刻字儿的：这是专门征发的刻字工匠。往大了说，这也进一步证实了我对窦宪北征这场战役性质的认识——这是窦宪兄妹为个人私利而发动的一场既无耻又不智的战争，班固为其献媚写下的这篇《燕然山铭》，乃是他的耻辱柱，在道义的层面上，丝毫不值得称颂。

2019 年 12 月 12 日晚记

《燕然山铭》文本新订定

　　《燕然山铭》发现之后，为响应社会大众的热切关注和急迫需求，我撰著了《发现燕然山铭》一书（2018 年 8 月，中华书局出版。书中诸篇先连载于《澎湃新闻》的《私家历史》栏目）。其中，关于《燕然山铭》的文字内容，也就是所谓"文本"问题，限于当时仅能利用的材料，只是铭文发现者在网上公布的拓本照片，我的识读自然存在很多不足。

　　在《发现燕然山铭》这本书中，我向读者清楚讲到，当时"对《燕然山铭》的辨识和解读，是在条件很不充分的情况下所做的初步尝试，自然会存在很多的瑕疵和遗憾。但我相信，这样的工作，是具有积极意义的。这是因为即使条件再充分，人们对历史事物和历史问题的认识，也只能是一个渐进的过程"。现在，有了新的拓本，具备了更好的条件，就能够对这篇铭文做出更好的复原了。

　　所谓"更好的条件"，主要包括如下三个方面的内容：

　　（1）2019 年 12 月 11 日，应内蒙古大学齐木德道尔吉教授

陈国荣先生捶制的《燕然山铭》拓片
（王龙霄先生拍摄）

之邀，我参加了该校举办的"中蒙联合考察燕然山铭成果座谈会"（以下简称"座谈会"）。在这次座谈会上，齐木德道尔吉先生和他领导的团队向与会者以及全社会公布了他们在这一年夏天刚刚捶制的新拓片。（2）这份新的拓本，是齐木德道尔吉先生特邀山东金石专家陈国荣先生为之拓制的。陈国荣先生拓制的这份拓片，最大限度地呈现了这一刻石的本来面目，特别是其表面形态，而这些情况，对合理复原铭文的文本，具有重要参考价值。陈国荣先生也出席了这次会议。会议期间，敝人向陈国荣先生问询了这通刻石和石崖的一些具体情况，获得更多重要信息。（3）在我赴内蒙古大学参加会议之前，北京大学考古文博学院的董珊先生，给我看了一份由山东省齐鲁文化博物院传拓专家吴立波先生拓制的《燕然山铭》的拓本以及这份拓本的照片，还有刻铭崖壁的局部照片。这份拓本，在某些方面，有更好的效果。参据这份拓本和相关照片，可以更加清楚地认识这通刻石的面貌。

上述三项内容中，陈国荣先生捶制的拓本，已经向全社会公布。故本文将附上这一拓本的照片，而董珊先生出示的拓本和拓本照片等，因属于私人捶拓、拍摄的制品（拓本已捐赠给北京大学图书馆），本人无权公开，只好付之阙如。另外，陈国荣先生捶制的拓本，除了已公布的照片之外，在内蒙古大学，另有高清电子文本，这次敝人亦未得利用。这对最终的辨识结果，也会有所影响。这一点，希望读者能够了解并予以理解。

另外，在去年12月11日内蒙古大学召集的"座谈会"上，齐木德道尔吉先生所率团队的主要成员高建国先生，向敝人和所有与会专家学者出示了他撰写的《蒙古国发现的汉文摩崖及其命名》一文，在会上他也简略地讲述了这篇文章的主旨。这篇文章，主要根据陈国荣先生的新制拓片对《燕然山铭》的文字做了一些辨识和考订，纠正了一些此前敝人依据网上旧拓片做出的错误推断和一些不尽适宜的认识。由于这是一篇未经正式发表的会议交流材料，下面，对高建国先生文中那些与敝人有不同认识的观点，将不予讨论，而对那些敝人认同的识读，则尽量予以说明。

首先需要说明的是，前此在所见拓本照片极为模糊的情况下，为了利用更多既有材料来帮助我们辨识和复原《燕然山铭》，我辑录出南宋学者刘球《隶韵》残本中录存的铭文文字，用作参考。当时我曾指出："既然目前并没有强硬的证据能够证明《隶韵》收录的《燕然山铭》文字系出自伪造，那么，我们为什么不先来积极地参考、利用这些文字而非要将其摒弃不看呢？……哪怕最终证明《隶韵》利用的铭文并不可靠，也是首先需要有人提出这一问题，探讨这一问题，才能在大家的积极关注下，有理有据地将其排除在外。由于现存石刻已经缺失很多文字，辨明《隶韵》所收文字可靠与否，这本身就是审定《燕然山铭》文本不可或缺的一个重要环节。"我认为，这是一种积极而又审慎的认识态度，也是一个合理的认识过程。

现在，根据新的、更清晰的拓片，已经有充足的理由判定，《隶韵》所收《燕然山铭》的文字，应属宋人赝造；特别是高建国先生已经指出，《隶韵》中竟收有铭文刻石中并不存在的"缉熙"等字，更足以彻底证实这一点。这样，在审辨刻石铭文时，就可以无须考虑这一材料。

其他对这篇铭文文字的总体认识，我在去内蒙古大学参加座谈会之后，随即就在《中国文物报》上发表了《燕然山上的新发现》一文，谈了自己的一些原则性看法。

在这篇文章中，我讲道："此前敝人认为，整篇铭文，是由写工按照固定的格式事先整篇书写上石后，再由刻工动手雕凿。根据陈国荣先生介绍的文字刊刻情况，可以进一步确认这一点。只是在刻工上手之际又临时调整重写了部分字行。"

这一认识，是识读整篇铭文的基础，当时的基本认识，至今我也没有变化。但是在仔细审辨新拓本之后，我发现"刻工上手之际又临时调整重写了部分字行"这一说法并不准确，即现在我认为：刻石的工匠是严格按照石壁上写好的字迹镌刻的，并没有临时做过调整。

根据新的拓本，可以进一步确认敝人此前判定的《燕然山铭》文字的整体布局形式，即我在《发现燕然山铭》中所说"这 20 行铭文的排列，在多数情况下，应是每行 15 字，这一规律性特征十分重要"。在当时模糊不清的拓本上，判明这一文字排列规律，对结合《后汉书》和《文选》的文本来识读其他那些刻石文字，具有重要意义。不然的话，很多字迹都是无从着眼的。

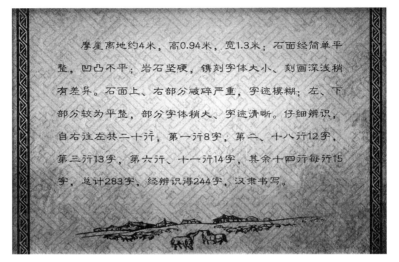

摩崖离地约4米，高0.94米，宽1.3米；石面经简单平整，凹凸不平；岩石坚硬，镌刻字体大小、刻画深浅稍有差异。石面上、右部分破碎严重，字迹模糊；左、下部分较为平整，部分字体稍大、字迹清晰。仔细辨识，自右往左共二十行，第一行8字，第二、十八行12字，第三行13字，第六行、十一行14字，其余十四行每行15字，总计283字，经辨识得244字，汉隶书写。

座谈会期间内蒙古大学相关陈列的文字说明

现在进一步确认这一文字排列规律，同样可以帮助我们更好地认识那些看起来似乎是违逆这一规律的变化（附带说明一下，这样的看法，同内蒙古大学相关学者的初步认识，是有很大出入的。内蒙古大学相关学者的初步认识，可概见于座谈会期间内蒙古大学相关陈列的文字说明）。

第一，第1行只有"惟永元元年秋七月"这八个字。此前我曾认为，这是由于此处石面向外侧斜下较多，使得这一行只能书写"惟永元元年秋七月有汉"十字；至刻工上手凿字时石面又出现了崩损，以致在这八个字的下面已无法继续镌刻已经书写上石的"有汉"二字，不得不把这两个字改移到第2行。

于是，致使第 2 行的字数由 15 字增为 17 字。

现在辨识新拓本的文字，并经陈国荣先生告知铭文石面的具体情形，可知第 1 行文字较少，并非石面斜下或是刻字时导致石面崩损所致，而是有意为之。这样做，是为礼敬汉室而提行，即刻意将"有汉"二字，置于第 2 行行首。

与此用意相同，第 2 行的字数，也由每行 15 字的定例，减为 13 字。这是为将"圣皇"二字提行，移至第 3 行的行首，以示对汉和帝刘肇的礼敬。

关于这两行的字数及其成因，高建国先生在座谈会期间已经谈到。这是一项很重要的新认识，而这两行具体的文字内容，我将在下文予以说明。

第二，关于第 10 行的文字。此前我判断这一行较诸其他各行少刻一字，并推测造成这一情况的原因，是这一行的下部石面出现了比较严重的剥落，导致无法正常刻字，所以只好少刻一字。在"初稿"中，我曾经以为根据新拓本可以进一步认定这一推断，但根据田振宇先生的辨识结果，这一行应当也是 15 字，同其他诸行没有什么差异。重审拓本，知田氏这一认识，足以采信。

除了这两点之外，其他具体的文字内容，还需订正或是说明如下。

第 1 行，此前我依据《隶韵》姑且留存的"龝"字，现已没有必要。在新拓本依然模糊不清的情况下，还是改从《后汉书》和《文选》，作"秋"。

第 2 行，据新拓本，作"有汉元舅曰车骑将军窦宪寅亮"，共 13 字。行末空缺两字空间，没有文字。

第 3 行，我的"初稿"读作"圣皇翼王室纳大麓维清乃与执金吾"，并谓这一行文字中的"翼"字很不清楚，乃姑且参据《后汉书》和《文选》识别如此。"维清"二字，其句式虽殊罕见，但刻石文字确系如此。今据田振宇先生新见，可将"翼王室"改作"登翌室"，即以"翌"通"翼"；又"大麓"之"麓"可正作"鹿"，即以"鹿"通"麓"。这样，上承第 2 行并下联第 3 行，可读作"寅亮圣皇，登翌室，纳大麓。维清，乃与执金吾耿秉"云云。这与我原来依据《后汉书》和《文选》推定的文句，差别很大，而且"维清"一句，显得也不够通畅，但经再三辨识，刻石原文，确应大致如此。

文中"维清"二字，应是借用《诗经·周颂·维清》的篇名，以示誓师出征。此诗只有短短四句，颂曰："维清缉熙，文王之典。肇禋，迄用有成，维周之祯。"《毛氏传》解读此诗宗旨曰："奏象舞也。"郑玄笺云："象舞，象用兵时刺伐之舞，武王制焉。"故班固在铭文中称述这一篇名，即可表述窦宪誓师出征之意。《燕然山铭》篇末"铭辞"中"铄王师，征荒裔"的词句，正与此相互呼应。

第 4 行，"初稿"读作"耿秉述职巡圉治兵于朔方鹰扬之校"，并谓其中"圉"，我原来从《后汉书》等作"御"，而新拓本此字相当清晰，作"圉"字无疑。"圉"字在此乃作"边陲"义解，同班固《车骑将军窦北征颂》中"（窦宪）亲率戎士，巡抚疆域"的文句也更加契合。又"于"字原从《后汉书》定作"于"，新拓本此字较为清晰，据改。还有新拓本中"治"字字形也大体可以辨识，知《后汉书》作"理"字确系唐人避高宗李治名讳所改无疑。现在可据田振宇先生的意见，改"圉"为"国"，改"鹰"为"膺"，全行文字为"耿秉述职巡国治兵于朔方膺扬之校"。

第5行，据新拓本，作"螭虎之士爰该六师暨南单于东胡乌"。其中"螭"字，我原来姑且录存《隶韵》的"蜶"字，现在自宜放弃，从《后汉书》和《文选》改定。又"东胡"的"胡"字，《后汉书》原缺，前此我依据《文选》补入此字，今审看新拓本，字迹较为清楚，可确认当作"东胡"。

第6行，据新拓本可知，敝人原读作"桓西戎氏羌侯王君长之群骁骑三万"，大体无误，特别是"骁骑三万"的"三"字，字形十分清楚，可断定六臣注本和胡刻本《文选》作"十"字确误。

第7行，核诸新拓本部分较旧本清晰的字形，可知敝人原读作"元戎轻武长毂四分雷辒蔽路万有三"也大体无误。其中"雷辒"二字，旧拓本字迹不清，其中"雷"字，《后汉书》作"云"，我依从《文选》定作"雷"。今核以新拓本，"雷辒"两字都很清晰，证明前此敝人所做推断符合实际情况。又"蔽"字，今可据田振宇先生意见改定作"异"。

第8行，敝人此前旧释，读为"千余乘勒以八阵莅以威神玄甲耀日"，其中"莅"字，旧拓本模糊不清，系以其较为质

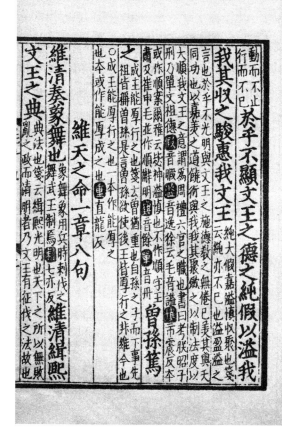

《四部丛刊初编》影印宋刊巾箱本郑玄笺注《毛诗》

而近古，姑且推定。今检核新拓本，系清楚镌作"位"字，乃以"位"通"涖"或"莅""蒞"诸字。

第9行，据新拓本，知敝人原释读作"朱旗绛天遂凌高阙下鸡鹿经碛卤绝"，大体无误。其中"凌""鹿"二字，旧拓本都不清楚，我也都做过具体辨析。今检视这两个字在新拓本中虽然还不是十分清晰，但审其残画，释作"凌""鹿"是比较合理的。

第10行，这一行文字，过去我释读为"大漠斩温禺以衅鼓血尸逐以染　锷"，在"染""锷"两字间姑且空缺一字。这一做法，是以这一行少刻一字为前提的，现在根据田振宇先生的释读，改作"大漠斩温禺以衅鼓血尸逐以染锷然"，即在句末增一"然"字。

第11行，原来我读作"然后四校横徂曡流彗埽萧条万里野"，"初稿"谓核对新拓本，这一行的文字，除末尾"万里野"三字外，其余诸字仍难以辨识。我做的订定是：（1）用《后汉书》和《文选》的"星"字替换依据《隶韵》留存的"曡"。（2）"萧条"的"萧"字，据新拓本，似镌作"涤"形，故姑且改为"涤"字；"条"字似镌作"平"形，故姑且改为"平"字。这一行，新拓本虽然模糊不清，但比旧拓本能多看出一些点画笔道，而且这些笔画的痕迹显示，刻石文字同《后汉书》和《文选》可能并不完全吻合，而且存疑的问题好像很多，不过既无法辨识，我也没有找到解决的途径，只好姑且如此。现在根据田振宇先生的意见，知此行并无行首"然"字，且"萧条万里"实作"萧条乎万里",故可将这一行读作"后四校横徂星流彗埽萧条乎万里野"。

第12行,"初稿"谓前此我读作"无遗寇于是域灭区殚反旆而还考传",核以新拓本,除了仍旧看不清的字,其中颇费斟酌的,是"区殚"的"殚"字。此字《后汉书》作"单",我是依从《文选》,拟作"殚"字。但现在审看新拓本,似为"落"字,高建国先生也是这样判读。今暂且依从高氏的看法,改为"落",即将其释作败亡之义。又"反旆"的"旆"字,据新拓本,乃书作"旆"形,今据改。现在依据田振宇先生的意见,"无"应识作"亡","殚"或"落"可暂改作"罢"。

第13行,"初稿"谓敝人原读作"验图穷览其山川隃涿邪跨安侯乘燕",核验新拓本,除"跨"似镌作"进"形外(高建国先生已经指出这一点),知大体无误。现在姑且改"跨安侯"为"进安侯"。今据田振宇先生意见,"涿邪"改作"涿耶"("涿邪"本塞外地名音译,书作"涿耶"音同),"跨"字则依旧不改,全行读作"验图穷览其山川隃涿耶跨安侯乘燕"。

需要特别说明的是,我在《发现燕然山铭》中曾着重指出并做了很具体的论述,即谓对这一行文字的判读,重要的是去除了《后汉书》和《文选》这些传世文本在"隃〔逾〕涿邪(耶)"之前衍生的那一个"遂"字。这一点,对准确理解窦宪北征的行程具有特别重要的意义。按照我的认识,这也是发现《燕然山铭》刻石对历史研究意义最大的地方。现在审看新的拓本,可以更进一步确认此一"遂"字必属衍文无疑。

第 14 行，复核新拓本的文字，知原来我所释读的"然蹑冒顿之逗略焚老上之龙庭将上"，其"蹑"字，应正作"污"；其余文字，仍大体无误。"将上"的"将"字，《后汉书》原阙而《文选》存之。今核对新拓本，此字清晰可识，可证前此所做释读无误。

第 15 行，"初稿"谓比对新拓本，知敝人旧读为"以摅高文之宿愤光祖宗之玄灵下以"，释文大体无误。现在依据田振宇先生意见，"以"字改作"用"。

第 16 行，"初稿"谓据新拓本，敝人旧读作"安固后嗣恢拓疆寓震大汉之天声兹"，大体无误。其中"疆寓"的"寓"，旧拓本不是十分清楚。今审看新拓本，知此字虽略去"禹"字上部那一撇，但仍未书作"寓"形。盖"禹"字上部从"厶"，"禺"字上部从"甶"，故此字还是作"寓"为宜。今据田振宇先生意见，"拓"字改书作"柘"，"兹"字改书作"咨"，这两个字都是以后者通作前者。

第 17 行，"初稿"谓敝人原读作"所谓壹劳而久逸暂费而永宁者也乃"，今核以新拓本，知旧读大致无误。其中"壹"字、"宁"字和"者"字，旧拓本都不是十分清楚，而新拓本明晰无疑。"所"字原本模糊，今新拓本也颇难以辨识，唯字形更近似"所"字而与"可"字相差较多。又现在依据田振宇先生的识读，知"也"字应改书作"已"。

第 18 行，据新拓本，旧读作"遂封山刊石昭铭上德其辞曰"，大体无误。唯"辞"字书作"辥"形（高建国先生业已指出这一点），且右侧的"辛"字下部系选书三横画。但这只是异体字形的问题，与用字用词无关。

第19行，这一行的文字，依据旧拓本辨识，非常困难，现在判读新拓本，可以明确很多文字的写法。过去我把这一行的文字，读作"铄王师征荒裔剿匈虐截海外复其悫"，其中"剿"字，据新拓本，应正作"癹"，作"癹夷"义解，即铲除、夷平之义；"截"字，新拓本字迹清晰，作"钆"，当是通作"轧"字。又据古本《后汉书》书写的"悫"字，其义自与今本《后汉书》的"邈"字相同，因新拓本此字仍无以辨识，故今暂改书作"邈"字，以便阅读。今田振宇先生以为"钆"字系"釓"之异体，作"弩牙"解，然在此义似难通；又田氏以为此字或当识作"钊"，作"勉励"之义解，余以为似亦不甚通畅，故仍主维持旧解。

第20行，"初稿"谓过去我将其读作"亘地界封神丘建隆崌熙帝载振万世"，今审看新拓本，知"隆崌"当书作"陆碣"。今据田振宇先生意见，改"神丘"作"田丘"，改"振万世"作"旌万世"。

"陆碣"这一判读，对理解篇末"铭辞"的含义，具有重要意义，即"癹匈虐，钆海外，复其邈，亘地界，封神丘，建陆碣"这一段话，其核心旨意，在于这"陆碣"二字。那么这个"陆碣"指的是什么呢？这就是镌刻着"汉山"二字的"田丘"燕然山，窦宪是用这个天然的"碣石"，昭示汉、匈疆域的分界点。

惟永元元年秋七月
有漢元舅曰車騎將軍竇憲寅亮
聖皇登翊室納大麓維清廷與執金吾
耿秉述職巡國治兵于朔方鷹揚之校
螭虎之士爰該六師暨南單于東胡烏
桓西戎氐羌侯王君長之羣驍騎三萬
元戎輕武截四分雷輜異路萬有三
千餘乘勒以八陣位以威神玄甲耀日
朱旗絳天遂凌高闕下雞鹿經磧鹵絕
大漠斬溫禺以釁鼓血尸逐以染鍔然
後四校橫徂星流彗掃蕭條乎萬里野
亡遺寇於是域滅區殫反旆而還考傳
驗圖窮覽其山川踰涿耶跨安侯乘燕
然汙冒頓之逗略焚老上之龍庭將上
以攄高文之宿憤光祖宗之玄靈下用
安固後嗣恢柘重寅震大漢之天聲咨
所謂壹勞而久逸暫費而永寧者也迺
遂封山刊石昭銘上德其辭曰
鑠王師征荒裔勦凶虐釓海外夐其邈
亙地界封田丘建陸碣熙帝載旌萬世

新定《燕然山铭》文字

前此我在《燕然山上的新发现》一文中已经指出，"汉山"二字告诉我们，窦宪在这里"封山刊石"，实际上也就等于是在既有事实的基础上，进一步确认了汉、匈双方之间的实际控制线——大漠。

在这一认识的背景下，我们也就能够理解，在"封田丘，建陆碣"之前铺叙的"剟匈虐，钆海外，夐其邈，亘地界"那几句话，是讲窦宪此番率师北征，业已踏平（"剟"）匈奴，将其远远地（"夐其邈"）驱赶到"海外"，从而拓展了大汉的疆界。——这正是窦宪得以"封田丘，建陆碣"的前提。而这样一来，就可以"熙帝载，旌万世"，也就是让汉朝帝业兴盛发达且高枕无忧，垂之永久，传之万世。

然而，历史真的会是这样吗？关于这一疑问的答案，我在

《发现燕然山铭》一书中已经做过详细的说明。

最后需要说明的是，《燕然山铭》刻石的文字内容，虽然可以对传世文本做出很多订正，特别是对研究古代文本的历史衍变问题具有非常重要的价值（这是一个相当重要而且富有魅力的问题，以后有机会我会做专门的论述），但对我们研治窦宪北征之役最具有实质性意义的，还是我在《发现燕然山铭》中指出的在"隃涿邪"句前衍生的那个"遂"字。除此之外，恐怕就是这"陆碣"二字了。因为"陆碣"比传世文献中的"隆碣"更能清楚体现其"陆地之界石"的含义，这与窦宪北征之役的作战目标和这场战争在疆域领土意义上的效用是直接相关的。从更广泛的意义上讲，"陆碣"这两个字，对认识中国古代文化另有特别重要的意义，不过这是一个很长的故事，需要另行撰文，做出专门的探讨。至于这篇刻石铭文与传世文本的其他文字差异，就狭义的历史研究而言，并没有太大实质性价值；至少并不影响此前我对这篇铭文所做的解读。

2020 年 2 月 1 日记

2020 年 2 月 11 日新改定稿

【附】《燕然山铭》释读：

惟永元元年秋七月，
有汉元舅曰车骑将军窦宪，寅亮
圣皇，登翌室，纳大麓。维清，乃与执金吾
耿秉，述职巡国，治兵于朔方。膺扬之校，
螭虎之士，爰该六师，暨南单于，东胡乌
桓，西戎氐羌，侯王君长之群，骁骑三万。
元戎轻武，长毂四分，雷辐异路，万有三
千余乘。勒以八阵，位以威神，玄甲耀日，
朱旗绛天。遂凌高阙，下鸡鹿，经碛卤，绝
大漠。斩温禺以衅鼓，血尸逐以染锷。然
后四校横徂，星流彗埽，萧条乎万里，野
亡遗寇。于是域灭区罨，反旆而还。考传
验图，穷览其山川：陟涿耶，跨安侯，乘燕
然。污冒顿之逗略，焚老上之龙庭。将上
以摅高文之宿愤，光祖宗之玄灵；下用
安固后嗣，恢柘畺寓，震大汉之天声。咨
所谓壹劳而久逸，暂费而永宁者。已乃
遂封山刊石，昭铭上德。其辞曰：
铄王师，征荒裔。羞匈虐，钤海外。复其邈，
亘地界。封田丘，建陆碣。熙帝载，旌万世。

【附案】此文撰写于 2019 年 1 月 31 日至 2 月 1 日之间，2 月 3 日，正式刊布于《澎湃新闻》之《私家历史》栏目，并于同日公布于敝人微信公众号。2 月 8 日，《澎湃新闻·私家历史》刊出中央美术学院田振宇先生的"《〈燕然山铭〉文本新订定》之新订——与辛德勇先生商榷"一文，对拙文做出很多重要订正（唯个别地方对拙见的表述不够准确）。现在这个文本，采录了田振宇先生的绝大部分辨识结果，并在文中逐一注明。敝人原来的看法，在现在这个文本中，以"初稿"称之。在此谨向田振宇先生致以真挚的谢意。

眼见也不一定为实

明天就要去河北师范大学讲《张汜请雨铭》的真伪问题（参见本书所收《〈张汜请雨铭〉辨伪》）。为准备这次的讲稿，又到去年看到这方所谓摩崖刻石的刊物上去看了看。顺便一琢磨，觉得可以认定：和《张汜请雨铭》并载于一处的那通《刘福功德颂》，也是件赝品。于是，便在自己的微信公众号上谈了这一看法。

一些人读到后，纷纷对我加以指责，其中一项主要理由，是我既然未经实地考察，如何得以径行得出这样的认识，而且还胆敢对官方业已判定的权威结论提出不同的意见？

首先，我是个书呆子，只知道琢磨自己感兴趣的问题。所谓"古董"这码子事儿，你觉得真，尽可信自己的，把它当个宝；我觉得伪，也可以讲我的，把它当垃圾。

其次，一个人该怎么做研究，没有统一的标准，因而也就难免一个人有一个人的做法。你觉得所谓实地考察很重要，我却觉得有时它并不重要，甚至根本没有必要。所以，我就不会

所谓《刘福功德颂》局部
（据《新见东汉摩崖刻石文字二种》）

去考察，也不会依赖所谓考察来得出结论，而这样闭门造车得出的结论虽然说不一定都对，可也不一定就错。

就拿明天下午要去河北师大文学院讲的这篇《张氾请雨铭》来说，因为它通篇上下，从形式到内容，没一样符合东汉时期的规矩，也就是所谓"通例"，所以我瞧一眼就知道它是件假货，根本不需要大老远地爬到荒山顶上趴在石碴子上拿出放大镜来盯着看。

至于东汉时期撰著碑文的规矩是什么，也就是当时为文的"通例"是什么，这事儿，每个人的认识是有差异的，社会的整体认识也是逐渐深入、不断提高的。这意味着需要有人把自己的认识讲给关心这个行道的人听（当然，学者讲出来，造假的水平也会跟着提高。道高一尺，魔高一丈，哪一行都要与时俱进）。我相信，明天我讲出之后，原来怀疑、质疑甚至明确反对我看法的人，至少有那么一小部分是会改而信服的。

此前也有不止一位朋友，好心劝我发表观点一定要慎重，因为他们去河南驻马店看过这通石刻，看不出一丝一毫造假作伪的迹象。因而至少对于明天听到我讲说后改而信从拙见的这一部分人来说，眼见也不一定为实。

这里有个基本的学理问题。这就是所谓知识发展到一定程度，脱离了它幼稚的初级阶段，通过间接的途径来获取知识，实际上是最经常也最合理的状态，并不是学什么都要像我东北老家那句歇后语所讲的那样：庄稼佬买棺材——躺里去试试。

我就是听着这样生动而又智能的语言长大的，所以真的不想试这个。

谈到假文物的辨伪，我们一定要知道一个浅显而又重要的前提——赝造古物的手艺人是想把它造得像真的一样，而不是不一样。只是理想和现实总是有差距的。做假文物这活儿，技术含量较高，要想做好，并不容易。相对而言，若是不包含文字，就好造一些，高手甚至足以以假乱真；可若是一涉及文字，特别是文字内容较丰富时，就很难做到天衣无缝，不露出马脚。因为这需要具备更多的知识，甚至需要较大的学问，而造假作伪干的是手艺活儿，这是另一个行道，跨界的难度太大。

今人要想一如古式造出一块汉碑或是汉代的摩崖刻石，字体字形最好模仿。练毛笔字儿的人很多，而练字儿都是靠临摹古碑打下的底子，所以要想把字儿写得像一些甚至很像，这不太困难。可是，文字的内容，要想写得像古人一样，难度就太大了。当然，若单论辞章文句，因为比较虚，谁要是跟你胡搅蛮缠起来，像与不像有时还不大容易掰扯清楚，可要是谈到文辞表述的实质内容，涉及的知识太多，要想做得对头，就真是难乎其难了。

赝造汉碑的最佳事例，应该说就是明天我到河北师大文学院讲的那通《张氾请雨铭》。这里先讲讲我研究过的西汉新莽时期的年号问题。因为都是所谓汉代的铭文，性质也差不了多少。

从班固《汉书》的记载开始，西汉新莽时期的很多年号，就错了下来。在这种情况下，古董行业的工匠，又怎么能够不照着做呢？这样我们就看到一系列带有建元、元光、元朔、元狩、元鼎、元封以及天凤、地皇年号的"古器物"铭文。直到近年，一些好学上进的技师，因读过拙著《建元与改元》而效法其事，才能把这些年号做对。试想当年陈直先生不仅亲见其物，还花费省吃俭用余下的薪金，购买藏弄了大批这样的假古董，同时又将其作为真品写入了相关研究著述之中（如《史记新证》《汉书新证》），大家也就会愈加清楚，眼见确实不一定就真，更重要的，还是博学多闻，慎思明辨。

另外如班固撰写的《燕然山铭》，清末有人宣称光绪初有张勤果者，在其驻军伊犁时，忽地发现这通刻石，于是命部下以云梯登高拓数十份拓本，流行于世。但伊犁绝不是当年窦宪北征所能经行的地方，故《燕然山铭》乃绝无刊刻于此地的道理，就是真的在当地山上找到了这件石刻，也一定是百分之百的冒牌货。我既然读过《后汉书》，知晓窦宪北征之役的经过，怎么还需要大老远地跑到那里去"考察"？你就是在深山邃谷里找到了，也只是找到一件赝品的实物。做学术研究，首先要知书明大体，而不是满地胡乱跑，还美其名曰"考察"。从学术角度辨识碑刻的真伪，同样也是如此。

话说回来，甘肃那篇《刘福功德颂》刻石，究竟我为什么说它是假不是真，现在我还不想讲，但并不是没到山上看过就没有资格讲，更不是只要没到山上去看看就没有依据来讲。至于我讲的是对是错，等我讲出来，人们再评判也不迟。

真的假不了，假的也真不了。我说的不一定对，关键它得是真的，不在我说与不说。

2019 年 10 月 12 日晨记

《张氾请雨铭》辨伪

很高兴来到这里和大家交流，不过在接到杜志勇先生的邀请后，一时又不知在这里讲些什么好。因为我们这里是文学院，中国语言文学，是文学院的核心内容，而上大学读中文系，是我当年参加高考时最想做而又没有做到的事儿。无文，无才，一碰到中文系的人就心里发虚发怵，现在斗胆来到这里，真的不知道谈个什么样的题目才能勉强塞责。

前不久在沧州见面时，我和杜志勇先生交流，谈到石刻文献，知道杜先生对中国古代碑铭很感兴趣，汉碑尤甚。于是就想到这两年我偶然关注过的一个小问题——所谓《张氾铭》（"张氾"，他人或识为"张汜"）的真伪，想到似乎可以在这里谈一谈这个问题，以求得杜志勇先生和在座的各位朋友的指教。

开篇——问题的由来

这篇《张氾请雨铭》并不在河北，而是刻在河南省驻马

《张汜请雨铭》拓片
（据《新见东汉摩崖刻石文字二种》）

店石龙山上的一块大石砬子上，据云是近年发现的一件东汉石刻。本来我既不会写毛笔字，不练汉隶，也不专门研究石刻文献，更不依赖各种新材料过日子，读不过来的正经书还有很多，所以，对现在层出不穷的"新史料"和"新发现"并不在意。可是事儿赶得巧，去年愚人节前一天，友人寄来一份名曰《金石研究》的刊物，是其创刊第一辑，上面所刊《新见东汉摩崖刻石文字二种》一文，印有这篇刻石铭文的拓片，并介绍了它的基本状况。敝人略一翻检，即大体判断此石当属伪刻。于是，便在第二天也就是 2018 年的愚人节，在自己的微信公众号上发了篇帖子，指出这篇《张氿请雨铭》还有这本刊物上刊出的其他一些铭文当属赝品。

我并不认为赝造古代铭文等所谓"文物"有什么不道德的，自己不去理睬就是了，在学术上，本来是不值得做任何讨论的。只不过看着一本刊物上集中注销那么多赝品，实在抑制不住，就随口说上两句。

愚人节的话，我随便说说，随便写两句，别人看了笑笑，也就是了。孰知引起相关人士极大的不满乃至愤怒，甚至专门撰文训斥敝人。这当然无所谓，我确实影响到了人家的事儿，训两句就训两句，该着的。可是，多少有些出乎意料的，专门从事文史研究的学者，竟然还颇有一些人对它信以为真；还有好心的朋友，特地告我：这是明晃晃地刻在山头上的东西，不是小黑屋里大土炕上瞎鼓捣的货，看过的人都认为不会有假，因而我一定要谨言慎语，要不众人面前打了自己脸，那该有多难看。

我读书做学问，做研究，写文章，只是出于好奇而探求事物的真相，从来没考虑过自己的面子在哪里。认识错了，就改，听人家对的。再说做学术研究就是这么回事儿，在探索的路上常常会出错：顾炎武先生出过错，钱大昕先生出过错，王念孙先生也出过错，罗振玉先生出过错，王国维先生出过错，陈垣先生也出过错。以我之微不足道，出乖露丑，更是必然的，真不算丢人，所以我也就不在乎被人"打脸"。

另一方面，在我的"愚人节告示"发布后，也有很多朋友以各种形式向我表示，很希望我展开谈谈对这件东西的认识。这些朋友想知道：到底为什么我会那么肯定地判断这篇铭文必属伪刻无疑？由于忙于教学和对其他问题的研究，一年来，我一直没能安排上时间满足大家的要求。现在，既然来到这里与大家交流，自己又没什么其他的货色可以"贩卖"，不妨就在这里和各位讲一下这个问题，谈一下我的看法，供大家参考。

（一）怪异的边廓

一件古代的文物，它各个方面的特征，大多要与那个时代同类的物品具有很多共性。这一特性，正是我们给文物断代的主要依据，即与其时代特征相符的，就更有可能是真东西，而与之不符的，就更有可能是赝品。

当我看到这通《张汜请雨铭》刻石拓本的照片时，第一眼就感觉怪怪的，味道不对。

这通刻石题署的时间，是东汉安帝永初元年（107），而东汉时期的石碑，大多朴实无华，在中期以前，文字的四周，通常并不镌刻边廓。像光武帝建武二十八年（52）的《三老讳字忌日》、和帝《永元八年食堂题记》、殇帝延平元年（106）的《贾武仲妻马姜墓志》等，虽有边廓，但这些刻石都不是独立存在的刻石，而应属整体石构建筑部件中的一部分，故施以界线，以与其他部分相区隔。这一性质，在四川新都顺帝永建三年（128）的所谓"石门关"墓门题刻上可以看得最为清楚。

四川新都"石门关"墓门题刻
（据高文主编《中国画像石棺全集》）

大致至东汉后期的桓、灵二帝时期，东汉石刻铭文中的主体部分，亦即狭义的石碑，开始出现在碑文四周装饰边廓的情况，例如汉灵帝建宁二年（169）的《柳敏碑》和熹平二年（173）的《胸忍令景君碑》就都是这样，后者的边廓，装饰效果尤其强烈。但总的来说，这些边廓线，和前面提到的像四川新都"石门关"等题刻一样，基本上都只是平直的直线，或上边廓为隆起的券顶（如桓帝永寿元年（155）的《孔君墓碣》）。

与这种东汉时期的绕铭外廓相比，《张氾请雨铭》显得非常不同，即在这篇铭文边廓的四角，各自外伸出一条卷云状的线条，这是在东汉石刻铭文中从未见过的做法。

这种异乎寻常的形制，不由得让我一看到图片就对它的真伪产生了强烈的疑问。

（二）陋劣生涩的铭文

这通刻石的外观，虽然怪头怪脑，长得与众不同，但各个时代的器物，有时也会有些逸出于常规之外的特殊情况。所以，要想确切分辨真伪，还要分析其文字内容。

从更广大范围内的情况来说，文字内容造假的难度，要大大高于没有铭文的器物。如何造作出一篇像模像样的铭文，这是文物造假行当普遍的难题。短的，三言两语，大多数好造，但也卖不出去多少钱。长了，按照现有文本照样抄，没有独特价值，也卖不上钱；硬编愣造，所谓语多必失，就很容易露出马脚。

汉灵帝熹平二年（173）《胸忍令景君碑》
（据徐玉立主编《汉碑全集》）

117

《张汜请雨铭》外观
（据《新见东汉摩崖刻石文字二种》）

《张氾请雨铭》就是一篇篇幅较长的铭文，全文如下：

> 惟永初七年十二月有闰六日戊戌，吴房长平阴张氾字春孙，以诏请雨。絜斋诣山，为民谒福，敬贡充牲，稽首震恪。上天崇远，款允不达，乃骘田岳，造灵作乐。天监闳照，玄云骈错，觚胏未终，甘雨滂落。庶卉咸茂，国赖宁乐，惟精之感，厥应孔邃。时与主簿巍，亲省余官属，攀兀登峻，壹慨再息，晏臻兹坐，劬劳备极。余来良难，君亦欺渴，率土之宾，此邦 胡□。钦记鄙辞，以征百福，唯蒸既哀，殖我稼穑。国殷民考，盖如斯石。
>
> 乱曰：登斯岳兮望旋机，三光雾兮雪徽徽，降 我稬兮育英芝，国赖宁兮福崇崔，永如山兮靡陨时。

以上录文，大致依据《新见东汉摩崖刻石文字二种》一文既有的判读而略有变易。

稍一检读，便可以看出，这篇铭文措辞用字绝不类东汉时人的通行用法，既陋劣又生涩，怎么看也绝不可能出自古人之手。其中比较典型的语句，像"乃骘田岳"这句话，"骘田岳"讲的到底是啥意思？"田岳"指的又到底是什么？因为这铭文本来就是略读过一点儿古文的人肆意编造的东西，语句多滞碍不通，却又便于强自解说，跟那些不管出于什么原因和心理而在口头上或是心底里表示信其为真的人，也不宜说得清楚。

因而，下面就从几个比较重要的大关节处着眼，来分析一下这篇铭文的内容到底有没有可能是出自东汉人的手笔。

（三）铭文的纪年方式

所谓《张氾请雨铭》开篇的纪年——"惟永初七年十二月有闰六日戊戌"，有年有月有日，不仅念起来节奏整齐，抑扬顿挫，很有腔调——惟永初七年·十二月有闰·六日戊戌，检核一下东汉的历表，还合得很：这一年确实是闰十二月，是月癸巳朔，初六正值戊戌，就像真的实录其事一样。

然而我们若是换一个角度看这个问题，造假的人也完全可以先查历表，再动手干活，因而造出来的东西，同样可以与历表密合无间。

过去活儿干得太糙，查核其年月时日的出入，往往就能很容易地剔除许多赝品。可是道高一尺，魔高一丈，仿造古物古铭的匠人，制作水平也是与时俱进，你拿历表来卡他做的活儿，他反过来按照历表来做活儿不就是了。

事儿还真不是这么简单，因为历史本身实在太过复杂，而术业各有专攻，做假活儿的毕竟花不了那么大的功夫去读古书，仅仅是一个纪年纪月，也远比普通年表历表体现出来的要复杂很多。

譬如，汉武帝在太初元年以前的年号，从建元到元封，虽然都没有在现实生活中用过，可通行的历史年表上都有。于是，最迟从北宋时期开始，一批批能工巧匠，就连续不断地赝造出不计其数带有这些年号纪年的文物。直到现在，在古物市场上，在拍卖的古董中，在博物馆征集来的所谓文物中，这些东西还是不断涌现。我在去年愚人节看到的那本《金石研究》的创刊号上，就作为真品刊载有不少这样的货色。

那么，遵循同样的原理，制作假古董的商贩，若是依照东汉的历表来赝造石刻铭文纪年的话，会不会产生类似的错误呢？在我看来，至少这篇《张汜请雨铭》编造者就因功夫修炼得不够而必不可免地失了手，在铭文中留下了很大一个纰漏，从而让我们看到了马脚。

这里的问题是，虽然永初七年十二月确有闰月，可东汉时人在表述闰月时却不是这么个写法。

首先我们来看石刻碑铭，是怎样题署闰月的。关于这一点，欧阳脩在《集古录》中，为我们保存下来一个很好的例证：

> 右汉敬仲碑者，其姓名字皆不可见，惟其初有"敬仲"二字尚可识，故以寓其名尔。……大抵文字摩（磨）灭，比其他汉碑尤甚。字可识者颇多，第不成文尔。惟云……"光和四年闰月庚申"，此数句粗可读尔。(《集古录跋尾》卷三《后汉敬仲碑》)

欧公于同书另一处著录同一碑刻，所录文字较此稍详，相关文字乃题署"年六十三，光和四年闰月庚申，遭疾而卒"(《集古录跋尾》卷三《后汉无名碑》)。

稍后赵明诚在《金石录》中复著录此碑，因较欧阳脩多见有碑额文字，故知墓主为"汉扬州刺史敬使君"，《金石录》复

君之銘碑巳殘缺其名字止□□可辨者幾碑引隸釋

事文為治書御史敞後云年五十三光和四年闰□□

疾而卒其他不復可考按姓苑載風俗通有敬歆漢末

為揚州刺史元和姓纂亦云平陽人而後周書敬珍

傳唐書宰相世系表歆皆作韶余後得後魏敬顯雋造像

碑亦作韶乃知姓苑姓纂之誤文集古錄此碑凡再出

其一題敬仲碑云名字巳摩滅獨首有敬仲字故寓其

名尔疑其人姓田也其一題無名碑所載事皆同蓋歐

陽公未嘗見其額尔

漢槀長蔡湛頌

《古逸丛书三编》影印宋刻本《金石录》

叙述曰碑文"最后云年五十三，光和四年闰月遭疾而卒"（《金石录》卷一七《汉扬州刺史敬使君碑》），这位敬使君到底是享年六十三，还是五十三，其间必有一讹，而两书在载述此公去世的年月为"光和四年闰月"这一点上，却是完全相同的。

检《后汉书·灵帝纪》，其光和四年纪事，在九月之下，是继以"闰月"，接下来则为"冬十月"，显示出当年所闰之月乃是九月，这一点是很容易查核清楚的。

不过《后汉书》的纪月形式告诉我们，东汉人记述闰月，只称"闰月"而不记明所闰的月份，可能是一种通行的形式。

其实范晔《后汉书》和司马彪《续汉书》中载述所有的闰月，都是这么个写法。即以光和四年所闰的这个九月为例，在司马彪的《续汉书》里，便有纪事云"光和四年闰月辛酉，北宫东掖庭永巷署灾"（《续汉书·五行志》二）。《后汉书》本纪中有些"闰月"的纪事，其前后相邻的月份或因无事可记而空缺，这样，仅仅依据前后出现的月份，是无法确知这个"闰月"究竟是在哪个月份之后的，也就是无法确知这一年到底是"闰某月"，但范晔也是同样仅记"闰月"二字，这就更加清楚地显示出这是当时固定的写法。《后汉书·郎颛传》记载郎颛曾上书顺帝，讲到"臣窃见去年闰月十七日己丑夜"云云的话，此语足以证实不惟纪事，即当时人的口头言语，也是这样的讲法。而这样的用法，向上可以追溯至《春秋》的纪事。《汉书》也是如此，其在本纪之外，如"（阳朔）四年闰月庚午，飞星大如缶，出西南，入斗下"云云的纪事即为显例（《汉书·天文志》)。过去罗振玉先生研究殷墟卜辞的闰月，称"古时遇闰称'闰月'，不若后世之称'闰几月'，……可征古今称闰之不同矣"（罗振玉《殷墟书契考释》卷下《礼制》第七），这也可以说是对这一时期闰月称谓方式的总结概括。

追根溯源，这样来表述闰月，应是缘自"闰"的本义，是表述增多出来的意思，所谓"闰月"，表示的就是在正月至十二月之外所增多出来的那一个月的意思，即此一年份之闰月。所以，按照这一本义，是不应该用"闰某月"以至"某月有闰"的形式来表述的（大概直到唐代以后才普遍通行"闰某月"的用法，但司马光编著《资治通鉴》，在纪月时仍旧沿承但称"闰月"的传统。至于在行文中注记年月时署曰"某月有闰"，恐怕即使到了很晚近也都是很罕见的事情）。至少在东汉时期，人们的用法，还完全是但称"闰月"。

在这里对东汉时期的纪月形式需要适当予以说明的是，东汉灵帝时期的石碑《校官碑》，是碑文末尾署云"光和四年十月己丑朔廿一日己酉造"，清代著名金石学者翁方纲，曾考释这一月份说："灵帝光和四年九月庚寅朔，闰十月己丑朔，此云'十月己丑朔'者，闰十月也。不言闰，亦变例也。"（翁方纲《两汉金石记》卷一一《校官碑》）如其所说，似东汉时注记闰月，或可变格而但书所值月序，不用通行的"闰月"这一形式。但这一年实际是在九月之后置闰，亦即所谓"闰九月"而不是"闰十月"，《校官碑》所题"十月己丑朔"正是这一年十月的朔日，翁氏所说殊无谓也，当时载记闰月的形式，并没

戴氏画像题记（左：全图；右：纪年局部）
（据永田英正《汉代石刻集成》）

有什么"变例"。

自元人潘昂霄著《金石例》以来，历代学者相继写过很多有关金石文例的著述，以供后人模仿。在碑刻方面，汉碑尤是这些人共同尊奉的标准"范式"，但由于闰月的记述形式在汉碑中极为罕见，故一向无人提及其书写形式，以致清末黄任恒撰著《石例简钞》，荟萃前人总结的规律而撮取其要，乃谓碑石铭文因无上下文参证，对于一年当中的这个闰月，"安可不著名月数"？即谓若是独称"闰月"便无法知晓当时是"闰"

右袖　　左袖　　　　　　　　　　　　衣襟

李冰石像题记
（据永田英正《汉代石刻集成》）

哪一个"月",故"虽汉碑无例,亦不必拘矣"(《石例简钞》卷二"年月日时"条)。也就是这位黄任恒先生想要告诉读者,不妨径行按照后世的常规逆推,在书写碑文时将闰月写作"闰某月"的式样。其实,这只是他读书未周而妄发横议。如上所述,《敬使君碑》所记"光和四年闰月"岂非显例?以此事例与《后汉书》等传世文献相印证,岂非确证而何?

事情赶得实在有些"寸"。上文所说阳朔四年那一年的闰月,就在年底十二月之后,也就是我们现在讲的闰十二月;更"寸"的是,清末大收藏家端方,曾收藏有一幅东汉时期的画像石拓本,名之曰"戴氏画像"。在这幅画像旁侧的边廓上,附刻有"以永初七年闰月十八日始立成"云云注记(端方《匋斋藏石记》卷一《戴氏画象题字》),而这正是所谓《张氾请雨铭》题署的"永初七年十二月有闰"的那一个月份,当时人题署的却仅仅是"闰月"。更幸运的是,这件画像石的原石虽然下落不明,但还有拓本存世,观看拓本影像,可以愈加确切无疑地证明,依照当时人的用法,是绝不应该出现"永初七年十二月有闰"这样的写法的。

端方虽说是个著名的大收藏家,但实际上只是在清代金石学风潮中附庸风雅,实际的眼力和见识都并不很高,稀里糊涂地收过不少赝品。因而,或许有人对他藏过的这幅画像石拓本还会有所疑惑。那么,就让我们来看上世纪七十年代在四川都江堰出土的李冰石像上的一段题记,上面也清楚镌记有"建宁元年闰月戊申朔廿五日"云云年月。检读《后汉书·灵帝

汉安帝延光元年（122）"闰月"砖铭
（据《千甓亭古砖图释》）

河南偃师出土汉安帝"元初六年闰月"刑徒砖铭
（据胡海帆、汤燕编著《中国古代砖刻铭文集》）

纪》可知，这就是汉灵帝建宁元年在"夏四月"前面设置的那个闰月，《后汉书》在是月下载有纪事云："闰月甲午，追尊皇祖为孝元皇，夫人夏氏为孝元皇后，考为孝仁皇，夫人董氏为慎园贵人。"又清人陆心源在《千甓亭古砖图释》还著录有一方"延晃（光）元年封穴，闰月十八日"云云的砖铭（《千甓亭古砖图释》卷一），延光元年闰二月，即此"闰月"所指，而在上世纪六十年代河南偃师附近出土的刑徒砖铭中可以看到更多这样的铭文，如"元初六年闰月"等等（胡海帆、汤燕编著《中国古代砖刻铭文集》）；《宣和博古图》所载"汉书言府弩机"，有铭文曰"延光三年闰月书言府作"，此书作者王黼称"是年岁在甲子，闰在十月，不言十月而言闰月，举闰则知十月也"（宋王黼《宣和博古图》卷二七"汉书言府弩机"条）。这些同样的题署形式，可以进一步证成前说，即东汉人对闰月的载述方式，只能是"闰月"二字。

这样的通例，便是《张氾请雨铭》出自伪制的一项强有力的证据。假的就是假的，学问就是学问，学问就这么实沉。所谓"开篇即错"，照着历表来做，要想做对，同样也不是那么容易。

（四）张氾其人的自称

铭文中"时与主簿巍，亲省余官属，攀兀登峻，壹慨再息，晏臻兹坐，劬劳备极。余来良难，君亦歉渴"云云，按照世人的一般看法，这显然是在以第一人称叙事；也就是说，这篇铭文，是由奉诏主持这次请雨活动的吴房县长张氾自己撰写的，至少是以他的身份和名义写下的。所以，铭文一开头讲到的"吴房长平阴张汜字春孙"，就应该是张汜的自我称谓，也就是所谓"自称"。

但是，东汉人会这样来称述自己吗？

这里的问题，一是张汜自称其"字"，二是"名"与"字"同时并称。

关于古人自称本人的字，前人有很多讨论，其基本情况，可谓大致已经明了，不过在这里还需要对前人所做的这些工作稍加归纳梳理。

古人往往有"名"亦有"字"。其间的区别，大略而言，是自称时用"名"，称他人的礼貌说法或是尊敬的用法则称"字"。故清人许瀚尝针对这种通用形式，特别是它的历史渊源总结说："古无自称字者"（许瀚《攀古小庐全集》之《司寇惠子之丧正义引世本云云又云然则弥牟是子木之字》）。但这只是就其最为通行的一般状况而言，顾炎武在《日知录》中搜集、归纳古人的实际用例，发现或用之于私人书帖，或笔之于诗章韵语，时或都有一些称谓己"字"的情况，显示出古人的"字"并非仅仅用于他称（《日知录》卷二三"自称字"条）。后来清末人俞樾又更清楚地总结出"书问中名字并称"的规律（俞樾《茶香室丛钞》之四钞卷一〇"书问中名字并称"条）。

尽管如此，个人自称其"字"的情况，还是相当少见的，在像《张汜请雨铭》这样庄重的石刻铭文中，铭文的作者更绝对没有称谓自己"字"的情况。清代研究两汉金石文字的大家翁方纲即曾专门就此指出:"系衔自称字,尤碑法所无。"(翁方纲《复初斋文集》卷二二《跋孔祭酒碑》)虽然在很多铭文的篇末,往往会附记造碑主事官吏的"名"与"字",但这都是以叙事者他称的口吻写出,而不是碑文作者的自称。

在这样的背景下,我们看这通《张氾请雨铭》,竟然开篇后紧接着纪时的文字,就记述自己的身份说"吴房长平阴张氾字春孙"云云,这实在太显怪异了。核实而论,这样的写法,更像是墓碑中对墓主身份的记述,而绝不应该是一位官员记述自己奉诏行事经过的合理方式。

因此,这一点也很显著地绽露出《张氾请雨铭》作伪的迹象。

(五)《张氾请雨铭》的篇章结构

在这篇《张氾请雨铭》的末尾,是以"乱曰"云云数句结尾。关于这个"乱曰"之"乱",刘勰在《文心雕龙·诠赋》中曾对其性质和作用有所讲述:

> 既履端于倡序,亦归余于总乱。序以建言,首引情本;乱以理篇,迭致文契。(据范文澜《文心雕龙注》卷二)

这个与"序"相对的"乱",乃写在全篇之末,用以煞尾,令文句的气势更显充足。

具体落实到石刻碑铭当中,我们常见的通例,往往是整篇铭文分作三段,也就是三个组成部分。第一段,用散句叙事,相当于前述《文心雕龙》所说的"序"。第二段，往往以"其辞曰"（或作"其颂曰""作诔曰""叙曰"等）数语，引出一大段四字（或三字）韵语。这一部分内容，或可用"颂辞"二字来概括。第三段，以"乱曰"（或"重曰"）起首，带出一小段韵语。最后这第三段"乱"句，实际上或有或无，并无定规；更确切地说，带有"乱"句的铭文，实际只有一小部分。没有也就罢了，但若是有，则必定是对前面那段"颂辞"的总括和增强；换句话说，这第三段内容，是以第二段内容的存在为前提的，即有二才会有三，没二也就不必有三了。

与东汉碑铭这一通行形式相对照，《张氾请雨铭》的篇章结构，却很不合乎常规。

从开头起，到"国殷民考，盖如斯石"这一大段内容，除了至"以诏请雨"为止起首的三句之外，大体接近于整齐的四字韵句，也大体上都属于叙事的内容。在通行的碑文中，这部分内容是本应写成散句的。若是将其视作抒发某种情怀的"辞"语，即前文所说"颂辞"（尽管从内容上看，这样做并不合理），那又理应先系以"其辞曰"或"其颂曰"等字样（譬如把这三个字插在"絜斋诣山"句前），可这我们也未能看到。

这样，在缺乏"其辞"（"颂辞"）对应的情况下，铭文的篇末，忽地冒出"乱曰"云云的句子，这竟是何其突兀，可以说完全没有来由——《张氾请雨铭》这种非驴非马的篇章结构，同样显示出它应当是一篇胡编乱造的赝品。

（六）荒唐的"奉诏请雨"

若是从内容上来考察《张氾请雨铭》的真伪，具体词句的问题，可以说不胜枚举，事实上对古董贩子这些胡言乱语也无须耗神费力，一一理会。在这里，不妨"单提直指"，径自揭破其最大的破绽，或者说是它暴露出来的更粗更大的那一只"马脚"，就是这篇碑铭所要表述的核心旨意——张氾其人"奉诏请雨"。

皇帝下诏要求地方官员祈祷祭祀以祈请上天降雨，这是一件很大的事情，其必定要以天下大旱为前提，而若是如此严重的旱情，不仅史籍要有所记载，史臣们也更应记下皇帝关心民生民瘼的仁心圣德——其宽广深厚，竟致使他把吴房这个普通得不能再普通了的小县县长张氾也打发出来，上山祈雨。

那么，在永初七年这一年发生过比较严重的旱情吗？这倒是真的发生了。《后汉书·安帝纪》记载说，在这前一年亦即永初六年的五月，有"旱"，但旱到什么程度，完全没有说明。又司马彪《续汉书·五行志》也记载在永初六年和七年以及接下来的安帝元初元年，这三年的夏天连续出现了"旱"情，可谓大旱三年。这么一看，张氾在永初七年奉诏请雨，似乎也是顺理成章的事情；至少动手写出这篇铭文的人一定会这么想。

可是，遗憾得很，安帝在永初七年颁布诏命，令张氾其人上山请雨，这在《后汉书》等文献当中并没有见到任何相关的记载。

是不是汉安帝对这样的旱灾就完全无动于衷了呢？据文

献记载，古代这些君主，面对灾害总是要做出一些象征性的举动，实际上朝廷确定的规矩里也都有一些必行的仪式。

当时的实际做法，是在永初七年夏"五月庚子，京师大雩"（《后汉书·安帝纪》），这个"雩"字，指的便是为向上天祈雨而举行的特种祭祀活动，"大雩"当然就是高等级、大场面的庄重祭典。不过，意思一下也就行了，汉安帝并没有指示再搞什么别的花样。——诏命张霈登山请雨这件事于史无征，这是我们在此事当中看到的第一个疑点。

那么，是不是朝廷既然举行"大雩"的祭典，就不会另行祭山请雨了呢？并不是这样，二者是可以并行不悖的。谈到这一点，就不能不提及著名的《堂溪典嵩高山石阙铭》。

所谓《堂溪典嵩高山石阙铭》，这个名称，是从宋代以来沿袭下来的说法，其实并不准确。其碑铭文字，今仅有部分残留，世间流传的拓本，也都已残缺不全。据较早著录这一石刻的赵明诚《金石录》记载，铭文内容，主要是说"中郎将堂溪典伯并，熹平四年，来请雨嵩高庙"（《金石录》卷一六《汉堂溪典嵩高山石阙铭》）。

检核《后汉书·灵帝纪》，可知熹平四年这一年并没有旱灾的记载，而在熹平五年下却记载说："复崇高山名为嵩高山。"继之复云："大雩。使侍御史行诏狱亭部，理冤枉，原轻系，休囚徒。"对于"复崇高山名为嵩高山"一事，唐章怀太子李贤注释相关历史背景和事情经过说：《前书》武帝祠中岳，改嵩高为崇高。《东观记》曰：'使中郎将堂溪典请雨，因上言改之，名为嵩高山。'"《前书》指的是《前汉书》，也就是班固写的《汉书》。这是说当年汉武帝祭祀中岳的时候，曾经改"嵩高山"（也就是现在大家常说的嵩山）为"崇高山"，现在，堂溪典因奉命祭祀中岳以请雨，又奏请将其改回为"嵩高山"这个本名。

在这里，需要附带指出的是，就在堂溪典奉诏请雨嵩高山这一年，亦即熹平四年的"春三月，诏诸儒正'五经'文字，刻石立于太学门外"（《后汉书·灵帝纪》），这就是著名的《熹平石经》。这是一项集体的工作，堂溪典是经文最主要的校定人员（《后汉书·蔡邕传》），故堂溪典奏请改定中岳的山名，应与他参与正定"五经"（《诗》《书》《礼》《易》《春秋》"五经"及《公羊》《论语》"二传"）的文本有关——更具体地说，就是与《诗经·崧高》中"崧高维岳"这一句子具有内在联系。堂溪典这一提议能够得到朝廷允准，更说明这次更定的山名不应与经书悖戾。若然，则反过来可以根据堂溪典奏请更改中岳山名之事，推论《熹平石经》"崧高维岳"的"崧高"，理应书作"嵩高"。因今存《熹平石经》残石并未含有此字，我想这样的推论，对《熹平石经》文本的研究，应当具有很积极的意义。

回到我们在这里谈论的主题，由于堂溪典嵩高山请雨的时间，在所谓《堂溪典嵩高山石阙铭》中是记作"熹平四年"，与《后汉书·灵帝纪》的"熹平五年"不同，赵明诚《金石录》以来，便多以碑为正，即依据石刻铭文来订正《后汉书》的文字。

今案《后汉书·灵帝纪》所记熹平五年的"大雩"之祭，在司马彪《续汉书·五行志》中也有体现，其明确记述说："灵帝熹平五年夏，旱。"而在熹平四年下却没有旱灾的纪事。另外，萧梁刘昭的注释引述蔡邕撰写的《伯夷叔齐碑》，还记有如下一段内容：

> 熹平五年，天下大旱，祷请名山，求获答应。时处士平阳苏腾，字玄成，梦陟首阳，有神马之使在道。明觉而思之，以其梦陟状上闻。天子开三府请雨使者，与郡县户曹掾吏登山升祠。手书要曰："君况我圣主以洪泽之福。"天寻兴云，即降甘雨。

这几处记载适可相互印证，同时致误的可能性很小，因而似不宜仅仅依据所谓《堂溪典嵩高山石阙铭》就轻易否定并改易《后汉书·灵帝纪》记载的年份。

清人洪颐煊，在全面分析上述情况后，以为"典请雨在四年，山改名在五年"（洪颐煊撰《平津读碑记》卷一《堂溪典嵩高山石阙铭》）。后来郑珍也同样认为"此四年为请雨之年，明年乃依奏改复山名，不得如赵氏云史误"（郑珍《巢经巢文集》卷五《跋堂溪典嵩高山石阙铭》）。我想，这才是一种通达的解释。

这种情况告诉我们，在熹平四年的时候，一定也发生了较重的旱情，所以堂溪典才会奉诏前往嵩高山请雨；只是至熹平五年，旱情进一步大大加重，以致一者在史籍中留下了清楚的记载，二者朝廷举行了"大雩"的祭典。这一事例，可以清楚解答前面提出的问题，即一码事儿是一码事儿，祭山请雨是祭山请雨，"大雩"是"大雩"，各搞各的。

尽管朝廷在遇到大旱的时候，或祭山请雨，或"大雩"禳灾，但这些活动，也不是随时随地，说搞就能搞的。

如上所述，"大雩"应是遇到特别严重旱灾的时候，才能举行的祭典，与我们讨论的问题无关，这里姑且置而不论。

单纯就祭山请雨而言，它对主祭者的身份和祭祀的对象，实际都有所限制。堂溪典在熹平四年祭祀嵩高山时的身份"中郎将"，全称"五官中郎将"，官秩比二千石，不仅是朝廷中的"部级高官"，而且还是一个至关紧要的官职，即执掌宫殿的禁卫（《续汉书·百官志》）。这是因为如《东观汉记》（即《东观记》）所述，堂溪典是奉诏出使，前往嵩高山致祭，只有这样的身份和地位，才能与所谓"天子之祭"相称，而不是随便哪一个地方官都足以充任其职的。

再来看堂溪典所祭祀的这座嵩高山，它是著名的五岳之一，而且是五岳中地处"天下之中"的中岳，且地近京师洛阳，对天下各地更有标志性的影响，所以东汉的皇帝才会特别看重这座山峰。自从秦始皇兼并关东各地之后，中岳嵩高山即与其他四岳一道，定为只有皇帝才得以祭祀（当然多是指派相关官员施行），故汉灵帝指派堂溪典来此祭山祈雨，也是一件很自然的事情。

正是缘于嵩高山在万山丛中具有独特的地位，东汉人祭祀请雨，才会常常来此。嵩山存留下来的几种刻石铭文，如安帝元初五年的《太室石阙铭》、延光二年的《开母庙石阙铭》，所载述的史事，就都是如此。特别需要指出的是，《开母庙石阙铭》的文字，乃由堂溪典父堂溪协执笔，其父当时是嵩山所在的颍川郡的主簿，而堂溪典在熹平四年重来此地请雨时刻字上石的所谓《堂溪典嵩高山石阙铭》，实乃"堂溪典请雨时表纪其父协所作《开母阙铭》而叙赞之词也，故刻在阙铭之下，正如后世之跋尾书后然耳"（郑珍《巢经巢文集》卷五《跋堂溪典嵩高山石阙铭》），叙述的重点，并不是熹平四年这次请雨的事情。

嵩高山亦即嵩山与东汉朝廷祈雨行为之间紧密而又特定的关联，告诉我们当时朝廷若是举行这类祭祀活动，对所祭祀的对象，是有特定要求的，并不是随便哪座山头都可以，前引蔡邕《伯夷叔齐碑》所述"熹平五年，天下大旱，祷请名山"的情况，即已清楚表明了这一点。这样的名山，即使不像嵩高山这么具有神圣的意义，也应当是基于某种特别的缘由而具备了社会公认的灵异，譬如今天河北省元氏县的三公山和封龙山就是如此（两山都有东汉时与祈雨相关的碑石）。

与此相比，东汉吴房县境内这座现在称作"石龙山"的山头，历史时期在全国一直名不见经传，可谓默默无闻，当朝皇帝何以会因全国性的旱情而轻率地指派当地县太爷前往祭祀？再说既然是想请求上天予以眷顾，即使汉安帝确实想在此祭祀请雨，那么为什么不按常规从朝中委派大臣专程前往，岂能如此轻率地诏命当地的县官敷衍了事？

有人或许会以为永初七年这次旱灾吴房县说不定遭灾最重，所以汉安帝就指派当地官员前往致祭了。可实际上却并不存在这样的情况。《后汉书·安帝纪》记载，在永初七年九月，朝廷"调零陵、桂阳、豫章、会稽租米，赈给南阳、广陵、下邳、彭城、山阳、庐江、九江饥民；又调滨水县谷输敖仓"。这南阳、广陵等七个郡国，应当就是遭受这场旱灾损害最重的地区，其中并没有吴房县所从属的汝南郡。不仅如此，《后汉书·安帝纪》下文所记征调谷物输往敖仓的"滨水"地区，汝南郡正在其中，而且鸿沟水系主要汊流浪汤渠就穿过汝南郡境内而下注淮水，敖仓就设在鸿沟的渠首，所以当时朝廷调集谷物的地区很可能还包括吴房县在内。这样看来，就更没有理由在这里登山祭祀以求上天降雨了。

其实这篇请雨铭文最荒唐的地方，也是我稍一瞟过文字内容就断定其必属赝品的地方，还是开头题署的那个月份——"十二月有闰"的"闰十二月"。

中国古代一直是一个农业社会，故旱灾给社会造成的危害，主要是因缺少雨水而致使农作物枯萎，粮食减产甚至绝收。"民以食为天"，没吃的，天就塌了，所以才会求神请雨，以图免却其难。庄稼是春种秋收，故春夏两季的旱情，对农作物生长影响最大，而到了冬天，粮食早已打下，纳入仓中，下不下雨，也不会影响到庄稼的收成；即使田地里种下的是冬小麦，麦子在地面结冰后的"冬眠"期间也不再需要淋上冰冷的雨水。若是大冬天里真的像夏天一样下起雨来，因为太反常，还要给人们的生活造成很大困难，古人还会将其视作不祥之兆。譬如，在西汉永光三年十一月，汉元帝就曾下诏说："乃者己丑地动，中冬雨水，大雾，盗贼并起。吏何不以时禁？各悉意对。"（《汉书·元帝纪》）

因此，哪里还会有傻瓜非费劲巴力地爬到荒山顶上去撅着屁股叩头请雨呢？古代热衷做皇帝的那些孤家寡人不至于蠢到、傻到在数九寒天里仰天望天盼下雨的程度（这一年的闰十二月初一是公历1月24日，初六这一天是1月29日，是则张氾请雨之时，乃三九刚过，四九初入）。幸好，按照铭文末尾之"乱"语所说，或许老天也可怜张氾这个芝麻官做得实在不容易，降下来的不是雨水，而是"徽徽"之"雪"，张大官人抖搂抖搂也就掉了，并没有把他浇成个"冷水鸡"的模样。

看到这"徽徽"之"雪"，我想各位在座的朋友一定会想到"瑞雪兆丰年"那句谚语。这样，大家一定会想到，寒冬腊月的，即使上山祈求上天，求的也应该是雪，而不会是去"请雨"。真实的世界里，当然不会有这么荒唐的事儿——结论，是这篇刻石铭文只能出自无知者的编造。

尾声——大模样与大视野

如前所述，我了解到这篇铭文是很偶然的，本以为刚刚发现未久，相关人士还没有顾得上从事研究，所以没有发现其间存在的问题。孰知当我去年"愚人节告示"之后，便有友人相告，早在2011年，就有人"无意"间"发现"这通千年古碑；2016年，中州大地上的河南美术出版社，更以《东汉吴房长张氾请雨摩崖石刻》为书名，影印出版了这篇铭文的拓本。这当然是信以为真才会做的事情；至少直到我发出"愚人节告示"之前，并没有见到任何人公开对这篇刻石铭文的真伪表述过质疑。这样一篇赝造的铭文，竟然能够堂而皇之地被认作是东汉的书法精品，以致老老少少都拿它作范本，来效法"古人"的笔意，学书法，练毛笔字儿。

出现如此不可思议的局面，在我看来，并不仅仅是缘于相关人员对这篇铭文的内容未尝稍加审辨，从一个更大的学术背景看，还有两项重要的因素，对此产生了严重的消极影响。我所说的这两项重要因素，一是缺乏对金石文献整体发展状况的了解和关注，二是过分追捧新史料在历史学研究中的价值和作用。

今天，我在这里和大家谈论对《张氾请雨铭》真伪问题的看法，除了自己的基本结论以外，也想和大家谈一谈我对相关学术背景的认识。这样，各位感兴趣的朋友或许能够更好地理解，为什么我一看到这篇《张氾请雨铭》就敢大胆断言它必属赝品无疑。

下围棋有个术语，叫作"大模样"。在这里，我想借用这个术语，来表述我对相关问题的看法，这就是做文史研究，要尽量具备一个广博的基础，这样才能在整体大格局下来深入认识每一个具体问题。

这样的想法，看起来好像很简单，但时下有些人当然会嗤之以鼻。然而我做人做学问本来就很简单，也没有什么复杂的思考，心里怎么想，嘴上就想怎么说，想不这么说也说不出来别的。不过从另一方面看，我觉得做文史研究，本身并不复杂，至少我倾心景仰的那些前辈学者，诸如钱大昕、王念孙、罗振玉、王国维、顾颉刚、陈垣、吕思勉、钱基博、内藤虎次郎、伯希和等人，读他们的著述，从来都是明白如水，一看就懂，没有什么不同于常人的思考方式和表述形式，因而也就一读就爱不释手。把这门学术弄得云遮雾罩，比禅宗和尚谈玄更玄而又玄，只是晚近以来"学术圈儿"里的事。我好像从来也没有进到过"学术圈儿"里边去，现在更有意远离这个"学术圈儿"，当然只能按照我自己的本心、自己的认识来行事。

即以钱大昕、王念孙为例，按照我的理解，从最宽泛的角度讲，他们的研究，其中一个最大的特点，就是我刚才提到的这个"大模样"，他们都是先有这个"大模样"在胸，才能体察入微地考辨清楚、解析明白每一个具体得不能再具体了的具体问题，他们的学问，大得很，绝不像时下"学术圈儿"里那些人所认为的那样"鸡零狗碎"。对于钱大昕和王念孙而言，他们心胸中的那个"大模样"，是不言自明的前提，没有这个前提，你就不具备从事相关研究的基本条件，因而也是没有必要大吵大嚷特地标榜的。晚近以来从罗振玉到伯希和这些著名的学者，我想也是这样。当然，因为你不标榜，很多人难免看不懂，这也很正常。

想有"大模样"，得先具有大视野，看得宽，望得广，知道天地有多大，学术有多博，才会努力去学取更多的基础知识，用这些具体的知识，甚至是看似简单的"常识"，去构筑自己的"大模样"。

要想学到这些基本知识甚至常识，办法很简单，就是悉心阅读常见基本文献，至少这是其最主要的途径。简单并不意味着简易，更绝不是简捷。要想学好这些知识，需要花费很多功夫，付出很大努力，要始终保持以一个学徒的姿态，持之以恒。不过要想做好学问只有潜心苦读这一条路，一步一个脚印儿地往前走，没什么别的机巧办法。功夫不负苦心人，逐渐构筑"大模样"，反过来又会让你眼前豁然开朗，具有更大的视野，从而发现和解决更多的问题。

然而时下"学术圈儿"的总体状况，却与此大不相同。更多的人更加热衷于追捧出土新材料，再不济也要到海外图书馆里去"发现"一件以往谁也不稀得看的孤本秘籍。热衷的程度，已大大超越了认识古代文化所需要的合理比例，从而也就会妨碍这些学者从大视野出发来布局自己的"大模样"。

正因为整个学术空气中弥漫的就是这种过分倚重新发现、新史料的气息，才会遮蔽人们本来应有的审视目光，失去正常的理智。东南某大学入藏的赝造竹书某先秦经典，就是最典型的例证。

当然，对于这通《张氾请雨铭》来说，还有一个稍微特殊的情况，这就是它高高地镌刻于山石之上，而不是出自蕞尔密室里的小作坊。光天化日之下，如何做得了假？因此，有朋友好心告诉我，这东西他是上山看过的，"真的假不了"。

合理地看待这种情况，同样需要有一个"大模样"下的大视野。

其实稍微了解一点儿中国古代石刻铭文历史的人都知道所谓《岣嵝碑》的传说。所谓《岣嵝碑》，是指一处以夏禹的名义镌刻于南岳衡山岣嵝峰石壁的铭文。南朝刘宋时人徐灵期撰《南岳记》，就有所谓大禹刻石于此山的传闻。至唐代韩愈充满好奇心地上山寻访一番，想亲眼看一下他想象中的这方"岣嵝山尖神禹碑"，结果却是"千搜万索何处有？森森绿树猿猱悲"（《昌黎先生文集》卷三《岣嵝山》），韩文公为什么没找到？因为实际上根本就没有这一通刻石。南宋初期人朱熹，即针对韩愈此诗，清楚指出："今衡山实无此碑。此诗所记，盖当时传闻之误"（朱熹《昌黎先生集考异》卷一）。后来，到宋宁宗嘉定壬申（五年），才有人得见其文（宋张世南《游宦纪闻》卷八），不过清初大儒顾炎武判定这篇铭文"字奇而不合法，语奇而不中伦，韵奇而不合古，可断其为伪作而无疑也"（顾炎武《金石文字记》卷一《石鼓文》），实际上不过是在北宋中期以来金石学大行于世的背景下南宋中期以前的好事者自我作古而已。

连圣君大禹的名义都敢假冒，连巍巍南岳神峰上都敢伪刻，古董贩子往名不见经传的驻马店"石龙山"上刻这么一篇九品芝麻官的请雨铭词又有什么稀奇的呢？又有什么出人意料的呢？碑贾伪制石刻铭文，墓志最容易，几尺见方的石版，哪儿都好找好做；再省事儿些，在老乡的大土炕上都能对付。而且墓志本来就是从地底下盗掘出来的，你也无从到现场去核验。可是，石碑就不好办了，与碑近似的摩崖刻石也是一样——它得矗立在一个实实在在的地方，这样人家才相信它是个真家伙，而不是你家作坊里的活儿。

与造墓志相比，这活儿难是难了一些，可一旦胆大做了出来，并在太阳底下找到妥当的位置，就比小黑屋里造作的墓志更容易让人信以为真。若干年来，伴随着真墓志的大量出土，赝品也层出不穷。相应地，这些假货的营销也会遇到一些阻力。在这种情况下，赝造石刻铭文这个行当，就必然要升级换代，开发新的产品。于是，像《张氾请雨铭》这种镌刻在石碴子上的所谓"摩崖碑刻"，也就应运而生了，而《东汉吴房长张氾请雨摩崖石刻》这本字帖的正式出版发行，就是其预期效果的良好体现。

现在，轮到学者们在"大模样"下看破其伪诈之处了。当初我一看到这篇铭文就判断它应是出自赝造，其中一项重要原因，乃是因为这与另一个时代大背景不能相融。

清代乾嘉以来，金石学的研究，伴随着考据研究的兴盛而日渐发达，人们搜罗古代碑刻尤其是汉碑的热情，也日甚一日地高涨。这种风尚，并没有因为道咸以后学术风尚的改变而稍有减退，而且稀见难得的碑刻拓片，还是官场应酬的上佳礼品。这样，在一些交通比较便利的地方，汉代的碑刻铭辞，几乎被搜罗殆尽。在这种情况下，很难想象，在河南驻马店这么中心、这么通达的地方，会有这么一篇文字基本完好的东汉碑刻，在 2011 年之前，竟然能一向无人知晓。大家上网搜一下，看看《张氾请雨铭》所在那个地方的具体情况，看看这篇铭文的高度和周围的环境，应该很容易理解我的想法。动脑筋稍微想一想，我想很多人也会认同我的看法。

2019 年 10 月 13 日下午讲说于河北师范大学

重申我对"雒阳武库钟"铭文的看法

2017 年的 3 月 3 日，在《文汇报》的附刊《文汇学人》上，刊出一篇文章，题作《雒阳武库钟铭是伪造的吗》。为了讲述时说话不那么拗口，也简洁一些，下面请允许我把这篇文章的题目简称作《是吗》。《是吗》这篇文章，对敝人一项研究，提出严厉批评，引起学术界和非学术界一些人的关注。当时，在两三天内，连续有几位朋友，给我转发这篇文章的微信版，说是正在微信世界疯传，希望我能响应一下。这些朋友很想听听我到底是什么态度：究竟是接受这篇文章提出的与我不同的意见和观点，还是固执己见？

请心急的朋友不要嫌我啰唆，我先简单告诉各位：认真读过这篇批评拙说的文章之后，我并不能接受批评者的学术观点，而且直到现在，也还是坚持自己的看法。但我确实一直不想写文章谈这个问题。

这首先是因为做不出什么新的论证，而且我觉得也无须再做论证，真正从学术角度关心这一问题的学者，会认真比对我和《是吗》作者的论述，自行判断孰是孰非。

在《是吗》一文的作者看来，所谓"雒阳武库钟"铭文的真伪，或许是个很简单的问题，但我觉得是一个比较复杂的问题。鉴于这一问题的复杂性，不同的学者持有不同的看法是很正常的，这是文史研究领域比比皆是的现象。

我认为，在学术面前，在深邃厚重的历史面前，我们每一个研究者都是无足轻重的。因此，我只会尽量认真做学问，而不会那么看重自己的认识。或者我对，或者《是吗》一文的作者对，时间会做出更客观也更真切的裁断，没有必要徒费口舌，非争出哪一日之短长不可。

所以，我来这里就这一问题和各位朋友交流，也只能向各位进一步说明一下我的认识，以帮助大家更加清晰、也更加准确地理解我的思路和我的观点。我不想在这里与《是吗》的作者争辩，也不会去做那种杠头抬杠式的驳难，更无意说服人们一定要认可我的见解。

学术就是学术，严谨而针锋相对的讨论，只能在和你具有同样严谨的治学态度、同时也直面你的全部论点论据向你问难质疑的学人之间进行，如果缺乏这样的基础，我是不会，事实上也是根本无法与之展开论辩的。这么讲，并不是我在刻意拿什么"腔调"，先贤荀子，在《劝学篇》里就很好地阐释过其间的道理，即"问楛者勿告也，告楛者勿问也，说楛者勿听也，有争气者勿与辩也。故必由其道至，然后接之，非其道则避之。故礼恭而后可与言道之方，辞顺而后可与言道之理，色从而后可与言道之致"。

从《是吗》一文发表之日起到现在，已经过去很长一段时间了。经历的时间之长，以至于许多原来很着急看热闹的人，都忘了这件"公案"的原委了。所以，下面就容我慢慢从头说起。

一　认识的基点

2015 年 4 月，我写了一篇题作《雒阳武库钟铭文辨伪》的小文章，写成后投稿给李学勤先生主编的《出土文献》。蒙李学勤先生和具体处理稿件的各位学人不弃，将这篇文稿刊入 2015 年 10 月出版的该刊第七辑中。随后，我又把它收入 2016 年 3 月在中华书局出版的文集《祭獭食蹠》。

在这篇小文章里，我考辨指出，今存大连旅顺博物馆的一件西汉铜钟即所谓"雒阳武库钟"上的刻辞乃是一篇后世赝造的伪铭。《文汇报》上刊出的《是吗》一文，针对的就是我这篇文章。

在《雒阳武库钟铭文辨伪》一文中，开篇我就讲述了自己关注并研究这一问题的缘起，是过去撰文推断中国古代的年号纪年制度起始于太初元年，在这之前包括"元封"在内的汉武帝前期年号，都出于事后追记，并没有用于现实生活。这一论述，见拙作《建元与改元》的上篇《重谈中国古代以年号纪年的启用时间》。然而，这件"雒阳武库钟"上所镌"元封二

雒阳武库钟
（据旅顺博物馆编著《旅顺博物馆馆藏文物选粹·青铜器卷》）

年雒阳武库丞"某等造云云铭文，却与这一认识直接抵触。当时，我曾尝试对这篇铭文做出初步的分析，指出它应是出自后人赝造。不过所做论证很不周详，于是又专门撰写了《雒阳武库钟铭文辨伪》这篇文章，来详细说明自己的看法。

在这里，我想向各位关心这一问题的朋友强调，汉武帝在现实生活中启用年号纪年制度的时间，既是我考辨"雒阳武库钟"铭文真伪问题出发的原点，同时也是我至今仍坚信这篇铭文是出自后世赝造所赖以立足的基点。

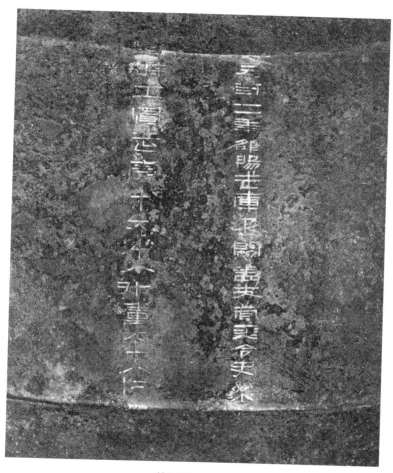

雒阳武库钟铭文
（据旅顺博物馆编著《旅顺博物馆馆藏文物选粹·青铜器卷》）

百衲本《二十四史》影印南宋建安黃善夫书坊
合刻三家注本《史记》

为使大家明白，这不是我自己盲目的自信，不是为削足适履而强行污指这篇铭文出自赝造，在这里，需要向各位再次重申我的主要依据。

第一，唐人司马贞在《史记索隐》中引述西晋张华的《博物志》，提到司马迁在"三年六月乙卯"除官出任太史令，晚近以来，学者们比较普遍地公认，这一年只能是元封三年，同时王国维、郭沫若都认为《博物志》中这句话应是录自"汉时簿书"，也就是西汉公牍。由这一西汉公牍徒称"三年"而并未冠加年号的情况可以确认，在汉武帝的第六个纪元，也就是所谓"元封"年间，还没有使用年号纪年。

第二，甘肃灵台经科学考古发掘出土的"安定郡库鼎"，除了"安定郡库鼎"这一自名之外，在其鼎盖上还铸有"二年，冶工偷铸"云云的铭文，而《汉书·地理志》记载元鼎三年始设立安定郡，因此，这个"二年"最早只能是所谓"元封"二年，当地"郡库"铸造的这座铜鼎既然徒称"二年"而没有在前面缀有年号，就可以进一步确证当时尚未使用年号纪年（因为从太初元年起已经确凿无疑地启用了年号纪年制度，因此，在我看来，这件铜鼎更不可能是太初二年或是太初二年以后任何一个年号下的"二年"所铸）。

第三，西汉长安城未央宫遗址出土的大批"工官"类纪年"骨签"，最早的年号纪年是太初元年，而在太初元年以前的诸多"骨签"中，没有发现一枚是以"元封"年号纪年的，这也清楚显示出年号纪年制度，开始于太初元年（这些所谓"骨签"与钟鼎铭文的性质有别，容或有一些在已经启用年号纪年制度之后，仍不冠加年号的情况，但在太初元年之前并无纪年的年号，这一点是确定无疑的；主持这一考古发掘的刘庆柱先生，也向我当面确认了这一点）。

综合上述三点，我认为，可以毫无疑义地断定，在所谓"元封"年间，仍未使用年号纪年，所以也就不可能存在作器时间带有元封年号标识的铭文。于是，我的结论也就得出了："雒阳武库钟"上"元封二年"云云的刻辞只能是一篇赝造的伪铭。

对于真心关注这一问题的人，我希望大家能够稍微认真些逐字逐句阅读一下我的文章，白纸黑字，本来就明明白白、真真切切地在那儿写着呢，看看这是不是我当初论证这一问题的逻辑，看一看上述三点是不是敝人所持的基本依据。

我认为，按照一个正常人的思维逻辑，要想否认我对"雒阳武库钟"铭文辨伪的结论，首先就必须打破上面这三点基本依据。不然的话，我的结论自然就屹立不动，任谁打也打不倒。这就是我对这一问题的基本态度，希望大家能够理解。至于旁观者怎么看，怎么评判，那只是他的问题：这既基于每一个人的学养，也与每一个人的思辨能力和智力发育程度相关，而我对这些并不关心，更不在意。

不过，我想对于一些在座和不在座的朋友而言，还有两点"技术"性问题，需要简单说明一下。

一是我们见到个别出土文物上确实是带有"元封"年号

的，如我在《雒阳武库钟铭文辨伪》一文中提到的汉武帝茂陵陵区出土的三件铜铫，但这并不是上文所说作器当时的时间标识，而是后来所追记，它们并不能用作当时业已使用年号的证据。对于读过《史记》《汉书》并且也明白《史》《汉》两书写法的人来说，这几段铜器铭文中的"元封"二字，和《史记》《汉书》里的用法是一模一样的。这一点是一目了然的，也是毋庸赘言的。

二是其他所有传世文物，只要缺乏科学的考古发掘依据，即使所镌作器时间带有元封年号的标识，统统都应当断作赝品——这是一条不可逾越的红线，也是我论述这一问题时两脚紧踏的基石。

除此之外，我还想特别强调指出"惟汉三年，大并天下"那一通瓦当铭文的重要意义。正是这通铭文，促使我重新考虑年号纪年制度的启始时间。在《两汉州制新考》那篇文章（收入拙著《秦汉政区与边界地理研究》）里我已经指出，在元鼎六年灭掉南越国并借此吞并岭南各地之前，汉武帝是不可能有"大并天下"这样的观念的，因而这"惟汉三年"之语，最早只能是指汉武帝元封三年，而这样的用法，正表明这个时候西汉朝廷还没有在现实生活中启用年号来纪年。

另外，在《建元与改元》一书的上篇《重谈中国古代以年号纪年的启用时间》一文中，我也在太初改制的大背景下，对这一问题做了更大视野的探讨，其中具体的例证，还有清人陈介祺对其所藏桂宫铜灯铭文的考释，结论也是时值元封二年却

"惟汉三年，大并天下"瓦当拓本
（据赵力光《中国古代瓦当图典》）

未用年号，徒书"二年"两字而已。从来没有人说过天下第一流收藏家陈介祺入藏的这件铜灯是赝品，这也是元封年间在现实生活中尚未使用年号纪年的一项有力证据，同时也愈加显示出在确实可信的西汉纪年文物中，还从未见到带有"元封"年款的铭文。

类似的情况，还有我在《雒阳武库钟铭文辨伪》一文中谈到的目前尚未发现雒阳武库以及天下各地所有武库另有铸造器物之事，这也呈现出"雒阳武库钟"铭文所标示的由雒阳武库丞等来督造这个铜钟的不合理性。

这种能够落到实处的普遍性、规律性状况，就是我辨识"雒阳武库钟"铭文的一般基础，而且至今我还坚持立足于这一基础来看待"雒阳武库钟"铭文的真伪。我觉得这不仅是一个学者应有的态度，更是一个历史学者必须要坚守的立足点，不这样就无以从事科学的历史研究，甚至一个优秀的古董商人也需要明白这一点。

我的观点，将来能不能改变，能不能放弃，要看考古学家是不是能够挖掘出来作器之时以"元封"年号来纪年的器物铭文。在新的确凿的证据面前，该低头时就只能低头，这是研究历史问题的无奈，也并不丢人。因为我秉持的方法，在目前情况下，是科学的，也是合理的；错了，是历史研究本身的困难性和复杂性造成的，而不是我走错了什么路。

不过在今天看来，未央宫遗址出土的那一大批"工官"类纪年"骨签"，已经清楚表明：这是根本不可能的。

陈介祺旧藏桂宫铜灯及其铭文拓本
（据陈介祺《簠斋金文考》）

我们看考古发现，不仅要看考古学家挖出了什么，更要关注它没有挖出什么——怎么挖也挖不出来的，是世上从未存在过的东西，因为它从未存在过。今天，即使有人梦寐间跂足翘首，以求以盼，也还是等不到的，而迎来的只能是一件又一件赝品。

譬如陕西历史博物馆于2001年征集来的那件"元封二年铜烛豆"和西泠印社拍卖公司在2016年12月17日卖掉的那件"元封二年青铜上林灯"，这两件所谓文物都缺乏考古学的地层依据，都在刚才我讲的那一条红线之外，同时又带有与上述司马迁仕历等三项考古实况相抵牾的"元封"年号，因而就都只能是和所谓"元封二年雒阳武库钟"同样的假货。在我看来，道理就这么简单。

不过"元封二年"的年款，用得有些多，已经不太稀罕了，所以我大胆预测，下一件假货，多半会是"元封元年"的了。只是所谓"元封元年"比这个"元封二年"要多少复杂一些，关于这一点，我不便在这里多说，多说了会有教唆古董贩子造假的嫌疑。各位喜欢看热闹的朋友，大家等着看热闹就是了（当然也有可能是我跌破颜面的热闹）。

二 铭文的破绽

上面我说要把包括"雒阳武库钟"在内所有那些作器时间带有元封年号标识的传世文物统统判定为赝品，也就是说不管它长得跟真的有多么相像，哪怕它同真品就像同卵孪生的双胞胎那么一致，也一样要剥去它隐形遁身的马甲。

这样讲，是因为后人赝造前代文物，多半是出于"穷则思变"的客观需要，因为想要改变贫困的生活，便制造赝品蒙人，弄几个钱花；当然也会有极个别的人是因为闲极无聊，才刻意仿制一些假货，戏弄收藏家们寻开心。但不管是出于哪一种原因，其主观愿望，都是想努力把赝品做得更像真品一些，而且越像越好，像了才能销路好、价钱高，挣大钱。

在这方面，他们是从来不设上限的，没有最像，只有更像。不仅是那些"撅着屁股认字儿"（案：语出著名古文字专家李零先生）的古文字专家，也不仅是那些像我一样靠琢磨死人的事儿混饭吃的大学教授，所有人都是有追求的，赝造文物者理想的目标，当然是以假乱真。要是能够达到"假作真时真亦假"的境界，那这帮家伙才开心呢。

当然，不管是干哪一行，在远大的理想和残酷的现实之间，总是会有一定距离的。对于赝造文物的人来说，这个距离的大小，主要取决于他的能力和条件。虽然从理论上讲，不管这些造假者多么刻苦努力，只要造假就一定会留下相应的痕迹，一定会被鉴别出来的，但在现实实践中，在一定的范围内，单纯就其某些方面的特征而言，有些赝品往往确实很难分辨，以致很多水平很高的专家都不易识破。所谓道高一尺，魔高一丈，只要对造假和辨伪的历史稍有了解，人们都会明白，这是常有的事情，在实际生活中，什么事儿都不只是魔高一尺，道高一丈。

就我们现在所谈论的西汉铜器铭文的真伪问题而言，如果主要依靠字形字迹来做判断，有时就很容易出现差错，像我具体考辨过的汉武帝"元朔五年弩"的镰郭铭文，就是古文字高手大力认定的真品，而且这位高手还千真万确地对我说，赝造的铭文他见得多了，这个绝不可能是假的，但当我阐述了自己的看法以后（详见拙著《建元与改元》附论《汉"元朔五年弩"镰郭铭文述疑》），这位古文字专家却很坦荡地表示，他的古文字小道理，要服从于我所谈的历史大道理。后来还有其他一些在古文字领域里造诣很深的学者对我讲到，这篇铭文的文字，刻得实在是好，单纯看文字的刻法，确实很难看出破绽。

明白上述事理，并结合这样的实际经验，在辨识后世伪刻的铭文时，首先我们一定要明确，赝造的铭文，有时在很多方面看起来都会同真品非常相像，特别是在仅仅考察其某一方面的特征时，这种感觉会尤其突出。换句话来说，就是在具体勘比某些具体的局部特征时，勘比的结果会具有很大相对性，往往信其真者有信者的说法，而疑其伪者则另有一套不同的判断。对立的双方，各执一词，互不相让；若是用一种显示自己一定比别人高明的姿态和抬杠的方式向与己见不同的看法开火，那就会更加无法展开有益的沟通和对话；同时还另有旁观的吃瓜群众，纷纷分帮站队、呐喊助威，弄得云腾雾漫，这样就愈益难以看清真实的样态。

正因为如此，我在考察"雒阳武库钟"铭文的真伪时，并没有像时下很多学者那样，从字体造型以至文字内容出发，特别是像某些古文字学家那样把"铭文的字体和字形"视作"讨论该器铭文真伪的最核心问题之一"（语出《是吗》），因为在伪造铭文的活动中，字形是最好仿造的，前述"元朔五年弩"镟郭铭文就是如此。

如上所述，我首先由其使用"元封"这一年号是否符合当时行用的纪年制度这一点入手，同时再以有无考古发掘的依据来画出一条既粗且宽同时颜色还很鲜亮惹眼的大红线。由此判明：能够得到明确认证的西汉当时实际行用的纪年铭文，是没有"元封"这一年号的。那么，反过来说，带有"元封"这一年号的那些看似当时实际行用的纪年铭文，就一定出自赝造。从而确定所谓"雒阳武库钟"铭文必定是一件后世的伪刻。

在《雒阳武库钟铭文辨伪》一文中，我是在业已判定这段刻辞应是一篇伪铭的基础上，再逐一审查它在其他许多方面可能露出的马脚，以进一步呈现其作假的印迹。对我举述的各项罅漏，《是吗》一文的作者，是一概不予认可的。关于这些细节，在这里我不想一一论辩，只想稍微具体一些进一步说明我对相关督造官吏衔名排列方式的认识。

不过，为了便于读者更好地理解相关情况，下面我把《是吗》作者与我不同的认识，编列为一份表格，并简单表明我对这些问题的态度。这样，大家就可以大致做到一目了然，对这些问题先有一个比较直观也比较明晰的了解。在此基础上再比对我们各自的原文，做出自己的判断。对这份表格中罗列的这

内者未央宫尚浴府乘舆金缶铭文（左）　内者未央宫尚浴府乘舆金行烛盘铭文（右）
（据容庚《武英殿彝器图录》与陈介祺《簠斋金文考》）

些问题，我想需要简单说明的是：除了前面所说我提出的这些疑点只是在依据年号用法将其定作赝品之后进而指出的瑕疵之外，这一系列瑕疵，单看其中某一项，或许都可以从其他角度做出解释，在一定程度上都是真品也有可能出现的现象，但毕竟都是一些"小概率事件"，而按照统计学的原理，诸多像这样的"小概率事件"汇合到一起，其可能性是很小的，专业的表述为："小概率事件，在一次试验中是不可能的。"这样也就能够理解我列举这些事项的意义，它有助于更加全面地认识这篇铭文的赝品性质。

《雒阳武库钟铭文辨伪》与《是吗》两文部分认识对照表

	《雒阳武库钟铭文辨伪》	《是吗》	说明
铭文在器物上的布局形式	雒阳武库钟铭文过于整齐地在钟腹上部作长长两竖行排列，这在同一时期铜器铭文中，是绝无仅有的。通常会多分成几行，同时还加大字形，而且往往会沿着肩部的环状条带状部位镌刻铭文。	这恐怕也不合实际。未央尚方乘舆缶铭……不但与雒阳武库钟铭同样作"长长两竖行排列"，铭文还在缶上文饰之间穿越刻写，要说"悖戾常规"，未央尚方乘舆缶铭比起雒阳武库钟铭，真可谓有过之而无不及。	（一）即使"未央尚方乘舆缶铭"的文字布局形式与"雒阳武库钟"的铭文完全一致，这种布局形式，在所有西汉时期的铜器铭文中，也是极为罕见的，而不符合绝大多数铜器铭文布局形式的常规，就意味着这可能是胡乱赝造的结果。（二）我明确讲雒阳武库钟铭文是"过于整齐地"镌"在钟腹上部"，并指出当时大多数铜器"往往会沿着肩部的环状条带状部位镌刻铭文"，"未央尚方乘舆缶铭"的铭文虽然不是在肩部的环装条带状部位，但却是在缶腹的下部（其他如河北行唐北高里村汉墓出土"常山食官钟"的铭文，虽是一行，却较长，纵贯铜钟肩部至下腹部），同时其文字排列还很不整齐，实际上同"雒阳武库钟"的铭文仍有明显不同。（三）所谓"未央尚方乘舆缶铭"，实际上应定名为"内者未央宫尚浴府乘舆金缶"

《雒阳武库钟铭文辨伪》	《是吗》	说明
铭文在器物上的布局形式		（据容庚《武英殿彝器图录》及陈梦家《汉代铜器工官》）。其本身，在我看来，尚存在一定疑点。这通铭文，也是出自传世文物，而且《是吗》作者所云其"铭文还在缶上文饰之间穿越刻写"这一说法很不妥当。盖此缶文饰乃后人增刻，故铭文是被花纹所掩，而不是铭文穿越文饰，容庚先生在《秦汉金文录》和《武英殿彝器图录》两书中都早已做出清楚说明。颇疑此缶文饰系古董商贩为牟利贩卖而赝造，若然，则先刻的铭文似应同属伪刻，是因在花纹掩饰处存在纰漏，故不得不再另加文饰来掩盖，而赝造者所仿效的铭文，则是年款相同、文字内容和排列形式都颇为相近的"内者未央宫尚浴府乘舆金行烛鍪"（亦见载于容庚《秦汉金文录》。案烛鍪上铭文的布局形式，自与缶、钟等容器有别）。

	《雒阳武库钟铭文辨伪》	《是吗》	说明
文字的字体和排列形式	铭刻字体与同一时期铜器铭文比较，其字迹、行气似均显过于拘束严整，欠缺应有的自然灵动韵味。中村不折称作"八分书"，但这种"八分书"是东汉时期通行的书法，而不属于"雒阳武库钟"标称的汉武帝"元封二年"所应有的字体，正清楚显现作伪的迹象。雒阳武库钟铭文的字体，不仅八分笔意十足，有些字如"武库"的"武"还带有浓重的草书意味，这在同一时期的铜器铭文当中，也是颇为罕见的。检读容庚《金文续编》，愈可知悉，其中大多数文字的写法，都与汉代通行的金文字形具有比较明显的差别，甚至还有凭空杜撰文字构型的嫌疑，这都暴露出后世造作的马脚。	钟铭的所有字形都没有任何破绽，可以说刻写得有根有据，一笔不紊，十分精美。雒阳武库钟铭字体，与汉武帝以后的铜器铭文字体一样，逐渐摆脱古隶的字形特征，向成熟隶书过渡，结体虽与八分相似，但笔画没有明显的波磔，也就是没有把毛笔字中的八分特色表现出来，与东汉金文相比，雒阳武库钟铭的字形还是很古拙的。	"雒阳武库钟"铭文字体与绝大多数西汉金文在字形上的异同及其比率，读者检读容庚《金文续编》等秦汉金文表可自行对比分析。
西汉武库是否铸造酒器	"雒阳武库钟"的铸造机构题为"雒阳武库"，此点最易惹人滋疑。汉代武库专用于储藏兵器，雒阳武库尤为重要，地位远高出其他各郡国的地方性武库，与国都长安城内的武库相比，也毫不逊色，从	依据黄盛璋、裘锡圭先生等人研究，古代的府、库不但负责存放保管，而且都从事铸造等生产工作，除了铸造、管理兵器、车器等作战物资之外，还铸造钟鼎等其他器物。雒阳武	我讲的是武库，特别是雒阳武库，而不是其他普通的"库"。《是吗》并没有举述西汉武库，特别是雒阳武库铸造酒器的证据，甚至也没有举出铸造兵器和其他任何铜器的证据（指某武库官员督造铜器的

	《雒阳武库钟铭文辨伪》	《是吗》	说明
西汉武库是否铸造酒器	未见有其兼司诸如盛酒之钟这类铜器铸造职事的记载，而且相关记载也表明武库并不制作武器，从而也就更大可能铸造像"钟"这一类的酒器。 通观所有传世文物和各项考古发掘的实际情况，可知迄今为止，在切实可信的汉代铜器当中，尚无第二件出自洛阳武库或是长安以及其他地区武库铸造的器物。	库设令、丞，直属中央或郡，此钟同样是雒阳武库铸造的武器之外的器物。	作器铭文标识，而不是仅仅在铜器上带有"武库"的标记）。
容积注记	这篇钟铭文另一处重要疑点，是其所标称的容积，与实际情况差距过大。据徐正考研究，在现今所知武帝时期刻有容积的12件铜制器皿中，经实测后折算，除此之外的其余11件，所标称的一升，是在170.5至210毫升之间；其中复有6件，是在184.66至194.5毫升这一范围之内。独有这件铜钟，数值竟高达223毫升。当代学者推测，汉升合今200毫升，与这一标准容积相比，此雒阳武库钟的容量亦嫌偏差稍远，这同样显露出赝造的迹象。	雒阳武库钟铭所记容量虽然有一定偏差，但距离允许误差尚不甚远。对辛德勇只谈钟铭容量，却对其重量未置一词，感到非常不解。雒阳武库钟铭所记钟重与西汉一斤的标准重量接近，可以说相当精准。故不可能伪造出这样的铭文。	（一）"雒阳武库钟"铭文标记的容积，与其实际容积相差较大，这是伪刻铭文时未做准确称量所致，但我并没有认为有这样的误差值就一定是出于赝造。（二）我不谈"雒阳武库钟"的重量是因为我在谈这件铜钟可能存在的作伪破绽，而它的重量并没有透露出作伪的破绽（重量当然比容积好量），这就像我没有说这件钟确实是用铜铸的而不是铅锡铝铁以及黄金白银铸造的一样。（三）造假是要造得像，重量更容易量度，所以以重量标记精准并不意味着铭文就不会出自伪造。

167

关于这件"雒阳武库钟"铭记的督造官吏衔名排列次序，前此我在《雒阳武库钟铭文辨伪》一文中指出，铭文中"雒阳武库丞阙、啬夫菅□、令史乐时、工置造"这一衔名的排列次序中，"啬夫"高于"令史"，这不符合汉代的通例。而综合考虑尹湾出土西汉《东海郡吏员簿》和当时其他器物铭文中的督造人员高低排位，却是理应"令史"高于"啬夫"，所以这"只能是无良奸商妄自臆造所致——这可以说是戳穿雒阳武库钟铭文赝品面目的一项铁证"。

对于这一点，《是吗》一文是绝对不予认同的。这篇文章的核心认识，是认为"雒阳武库钟"铭文中的"啬夫"位阶本来就在"令史"之上。说老实话，基于《是吗》一文作者的逻辑和论证程序以及他对我文章的理解，我不想直接针对他的说法谈任何意见，而且事实上也是无法谈什么话的。在这里，我只是向各位进一步阐释我对这一问题的看法。

陈梦家先生生前，曾主要依据容庚先生的《秦汉金文录》，比较系统地整理过汉代铜器的工官，也对相关问题进行了初步研究，有遗稿题作《汉代铜器工官》，被收录在2016年出版的《陈梦家学术论文集》里。附带说明一下，裘锡圭先生在1981年发表的《啬夫初探》一文虽然也谈到了汉代"主管作造器物的啬夫"（《啬夫初探》一文后收入《裘锡圭学术文集》第五卷），但相关论述，总的来说，似尚不及陈梦家先生这篇遗作周详。

当然，陈梦家先生这篇过去没有公开发表的遗稿，还只是很初步的整理和分析。所以，我以为文中有一些描述，并不能代表他的研究结论，只是暂且记下的备忘笔记而已。譬如，他在文中先是没有把器物铭文中的作器官署与用器官署明确区分开来，把这里所要讨论的"雒阳武库"记为制作铜器的官署，但紧接着又在下文记述说，"雒阳武库"铸造的这件铜钟，"其铸所待考"。所谓"待考"云者，显然是说当时他并不能仅仅依据这件铜器上的"元封二年雒阳武库丞"某等造云云铭文就将其定作"洛阳武库"督造的产品，不然的话，还要等待考证什么呢？

下面，我想主要利用陈梦家先生对汉代铜器铸造铭文的初步归纳总结，谈谈西汉时期雒阳武库的"令史"与"啬夫"的位阶关系。

陈梦家先生把督造铜器的官吏，分成几个层级。

第一个层级是主管官，简略地讲，是由令（长）、丞主管，令、长之别，大致遵循一县主官或令或长的区别（即所谓万户以上县为令、万户以下县为长），地位高半阶的称令，低半阶的称长。总之，除极个别者外，绝大多数都是在县级这一位阶上。其地位排列，当然是令在上，丞在下。

第二个层级是主官之下的"属吏"，从高到低，位次排列如下：

掾——令史（史）——啬夫——佐——护

在当年陈梦家先生汇总统计的所有汉代铜器铭文中，其"令史"与"啬夫"之间唯一的一例与上述情况相反的位次倒错，就是我们在这里讨论的"雒阳武库钟"的铭文，这是非常不一样的情况，后来发现的大量两汉作器铭文（包括长安城未央宫故址出土的大量"骨签"），情况依然如此，而像这样反常的情况，首先应该考虑的就是它出自无知奸贾的赝造。

明白汉代督造铜器的主官通常都是"令"级官员之后，我想有理由推测，所谓"令史"，应是得名于"令之史"。这是因为汉代很多不同层级的官衙里都有"史"，称作"令史"，乃便于与其他诸"史"相区别。《汉书·魏相传》记载丞相车千秋的儿子曾任职"雒阳武库令"，可知雒阳武库的主官也是一个"令"级干部（即汉代县级政权主官之令、长一级），"雒阳武库令"也是个"令"，并不比其他主持铸器的令长更高更大，因此，假如如同铭文所记，这个"雒阳武库钟"果真是元封二年时由洛阳武库的"丞"来主持铸造，那么，铭文中的"令史"应该一如当时所有的"令史"一样，位次要排在"啬夫"之前（裘锡圭先生也认为这个"啬夫"系雒阳武库属吏），至少我找不到任何一条足以把"令史"列在"啬夫"底下的理由和史料依据。

在结束我对自己旧有观点和论证逻辑的进一步说明的时候，我想说，虽然按照我的论证逻辑，所谓"雒阳武库钟"铭文之伪主要并不是依据其主事官吏职衔的排列次序来认定的，但是，还是可以重复一次我在《雒阳武库钟铭文辨伪》一文最后讲过的话，用以强调我的学术观点和对待这一问题的态度，这就是：

　　雒阳武库钟铸器吏员的衔名既然是自上而下,"啬夫菅□"理当次于"令史乐时"之后,而绝不应该像现在这样排在它的前面。现在我们看到的这篇雒阳武库钟的铭文,其主事官吏衔名的排列,颠倒舛乱,如此严重,只能是无良奸商妄自臆造所致——这可以说是戳穿雒阳武库钟铭文赝品面目的一项铁证。

现在我仍然没有看到别人拿出哪怕是能够动摇它一点点的史料依据,还怎么看怎么都觉得这确实是一项无法撼动的铁证。

　　当然,如前所述,并不是赝造者想对了这个铜钟督造官吏题名的次序,它就不是伪造的铭文了,因为所有造假者在主观上都是想把作品做得很像,而不是不像,甚至如同这样让人一眼就能看穿它是件赝品。是因为这位技师不懂督造官吏的位阶和地位高低次序,所以才出错,留下了严重的纰漏。若是换一个更老于此道的技师,也可能就做得天衣无缝了。麻烦的还是"元封二年"这个纪年,这个要想搞对它,难度太高了,我们不能苛求那些为衣食所迫不得不从事这一行当的小民,重要的是学者们需要具备相应的见识。

三　治学的态度

　　谈到对待这一问题的态度,在这里,我还不能不对所谓"学者"对待学术研究的"态度"问题再谈谈自己的认识。这是因为《是吗》一文提起了这一问题。

在前面，我一再讲无意对《是吗》一文提出的批评——做出具体的解答，因为这没有什么意义，在这里讲这些，也只是想让关心这一问题的朋友进一步了解我的想法，以帮助大家更好地把握我的论证逻辑和基本思路。至于各位认同谁的观点，说实话，我并不在意，那只是在座的各位和更广大的读者自己的问题。

不过，《是吗》一文针对我的观点提出严厉的批评，其根本目标，其实并不是我的观点、我的看法，而是像我这样一个人，是不是有资质研究诸如"雒阳武库钟"铭文的真伪这样的问题。我本人，我写的《雒阳武库钟铭文辨伪》这篇文章，只不过偶然或者刻意地被《是吗》一文的作者选中，以此作为非常典型的例证，拉出来示众而已。如谓言之不实，请看《是吗》开篇的表述：

> 在新见文物、文献日多的今天，判定传世文物、文献真伪的工作，显得尤其重要，关涉研究立论的根本性基础；而真伪判别过程当中，研究者对当时物质形态各方面的综合认识水平如何，在出土文物、文献与自身固有认识、研究结论之间产生偏差，甚或出土文物、文献提供的信息全面越出自身知识和研究界限时，研究者持有何种态度和取向，都直接关系到立论的客观性与可信性。下面我想以辛德勇先生关于雒阳武库钟铭的辨伪为例，谈谈我在这方面的感想。

在经过对我这篇文章做了在他看来可能已经"体无完肤"的批判之后，作者于煞尾处又写道：

> 而通过此次讨论，我认为更加值得与每一个从事出土文物与文献研究的学者共勉的是，对于出土器物、文字资料的研究也好，辨伪也好，必须首先持有客观公正的态度，摒弃先入之见，对于自己不熟悉的东西，应当多考虑相关专家的意见，多查阅相关资料，不轻率发表意见，不以浮言代替严肃论证，以免对相关问题的研究造成不必要的障碍和干扰。

首尾相应，我和我的文章只是一个示例，我提出的观点，我的结论本身，其是对还是错，在《是吗》一文的作者心中，其实也是"无关宏旨"的。

显而易见，《是吗》一文的作者，眼界颇为宏大，其心也壮，其志也高，他不是在和我斤斤计较什么，而是以我为例，正告那些给"出土文物与文献研究"这个行道"造成不必要的障碍和干扰"的外行，不要擅闯。

这样一来，这个问题就有点儿大了，不是我这一个具体的学术观点能不能站得住的问题了，这不仅关系到所谓"出土文物与文献研究"这个行道，实质上已经关系到整个文史研究领域今后如何健康发展的问题。而且据我在目力所及范围内所做的观察，《是吗》一文发表后，作者这种态度，还颇得某些青年专家或是新进才俊的赞赏，甚至有人拍手欢呼，击掌庆贺，大有一举荡除歪风邪气的扬扬得意。

假如我观察的结果，在更大的范围内也具有普遍性的话，那就切切实实地是事关未来一代两代以至千秋万代的大事了，诚可谓"兹事体大"，因而不能不借今天这个难得的机会，简单谈一谈我同《是吗》一文作者在治学态度上相同及不同的看法了。

我认为，如果泛泛而谈的话，在我同《是吗》一文的作者之间，还是能够找到共同的看法的，这就是如《是吗》作者所说，在研究问题时"必须首先持有客观公正的态度，摒弃先入之见"。

只是对于这一点，有原则性认识是一回事儿，在具体研究上真正做到、做好往往并不容易。因为每一个人都是基于特定的知识背景而投入研究的，而这些知识背景，有时并不准确，并不清晰，甚至有可能天差地别，错得一塌糊涂，故稍一不慎，就可能受到此等既有知识的羁绊或是误导，从而做出错误的判断。

由于在这一点上我同《是吗》的作者具有共同的看法，所以在判别"雒阳武库钟"铭文真伪的时候，自己在主观上，还是小心翼翼地想尽量避免蹈入先入之见的窠臼的。

具体地说，是我经过通盘考察汉武帝时期使用年号纪年的情况，得出了一个基本认识，这就是汉武帝在现实生活中启用年号纪年的时间应该是在太初元年，而我之所以专门撰文探讨"雒阳武库钟"铭文的真伪问题，恰恰是由于这篇铭文题署的

"元封二年"这一作器时间与这一认识冲突。在这种情况下，若不尽量为自己确立一个更加客观的立足点，确实很容易堕入"先入之见"里去，甚至踏入循环论证的怪圈。

那么，我是怎么把握自己的论证路径的呢？

这就是先用前面强调的那条又粗又宽又鲜亮的考古学的证据做红线，来把所有相关的纪年铭文和其他史料划分成两大类别：一类是有考古学依据的，另一类则没有考古学依据。然后，再对比这两大类别材料使用年号的情况：前者使用年号纪年的启始时间是在太初元年，同时清楚表明在元封年间还没有使用年号，而后者则有建元、元光、元朔、元狩、元鼎以及元封这一系列年号。这样，我就很容易地得出了一个很简单的结论："雒阳武库钟"上带有"元封二年"作器时间的这篇铭文，应该同所有那些题有建元至元鼎年间的"建元""元鼎"等年款的铭文，还有其他那些同样题有"元封"年款的铭文一样，都是后世制造的赝品（当然这里所说"年款"是指其所记纪元正在行用期间题署的年号纪年）。

换句话来说，由于"元封"及其以前的所有年号纪年材料都没有确实而可信的考古学证据，都是所谓"传世文物"，而且考古发掘的结果还清楚显示出在所谓"元封"年间尚未使用年号纪年，所以我才断定带有"元封二年"作器时间的"雒阳武库钟"铭文是一篇伪铭。

这样的认识，能说是出自"先入之见"吗？我觉得不能，而且绝对不能。这要说不是客观，恐怕就没有什么客观的历史研究了。假如有人一定要指斥这样的研究结果属于既定的"先入之见"，那我只能表示"无语"，我确实无言以对。两方对话，需要彼此共同尊重基本的事实，假如有一方罔顾实际，想说什么就说什么，那么这话还怎么能谈得下去？

至于我和《是吗》作者在治学态度上的不同看法，这不仅非常鲜明，而且应该说是截然对立的。

因为《是吗》的作者是以我为例阐述他的态度的，更具体地说，例证就是我写的《雒阳武库钟铭文辨伪》这篇文章，所以，《是吗》作者所说在"判定传世文物、文献真伪的工作"方面，"研究者对当时物质形态各方面的综合认识水平"不高甚或很低，所研究的"出土文物、文献提供的信息全面越出自身知识和研究界限"这些严重问题，矛头所指，首先就是我这个"典型"的问题。

关于这一点，我想说，对自己学术水平不高、知识面非常狭窄，我是深切自知的。同时，因为知道自己水平低，只好努力学习，不停地学习。但大家也都知道，人是一种生物，生物有些遗传特征是天定的，不是你想提高就能提高、你想改善就能改善的。所以，尽管这么多年一直在努力，但效果实在有限。现在年至花甲，也更彻底明白了：不管多么努力，自己终究也只能是个愚笨的小学徒。这有些可怜，但也是没办法的事儿，非不为也，实不能也。诚恳地希望大家能够给予理解，对我这些年乱写的东西，从这个角度能多给一些谅解。

不过若是退后一步，从一个更大的角度来看，这似乎是一个很有普遍性的问题，并不仅仅是在"判定传世文物、文献真伪的工作"这一个方面，可以说在几乎中国古代历史研究的所有领域和绝大多数问题上，研究者都会遇到已有知识和研究能力不足以清楚阐释所遇到的问题的窘境，同时这也并不仅仅是像我这样水平低的学徒才会有的毛病，即每一位学者都很难做到尽善尽美，即使是那些学富五车、誉满天下的大师，也会在有的时候、有的方面显现出一些看起来好像是很低级的缺陷。

"研究者对当时物质形态各方面的综合认识水平"本来就是一个相对的概念，这种"综合认识水平"达到多高才算合格，实际评定的标准，弹性是很大的。我觉得任何一位研究中国古代历史问题的学者，都会有自身知识和研究能力的局限，这也是一个无法克服的遗憾。

回顾整个学术史，我们可以看到，一代代学人对中国古代历史的研究，就是在这种很不完满的条件下，前后相承，不断向前推进的。本着这样的认识，我这个小学徒，也追随于前辈学者之后，勉力而为，就一些自己看到、想到的小问题，尝试着提出一些新的想法，这样就会发表一些文章，印行一些书籍。

由于深知自己学养的不足，我对自己刊印的这些论著，从未自以为是，甚至从未要求过自己指导的研究生去阅读这些东西。但我相信，即使是像我这样学养很低的学者，过去所做的这些研究工作，也不是毫无意义的。俗语云"贤者识大，不肖者识小"，还有个成语，叫"尺有所短，寸有所长"。中国古代历史范围很广，问题也很多，总有一些大学者不屑于做或顾不上做的问题，也会有一些大学者偶然疏忽一不留神看错了的问题，像我这类学养很差的学徒是可以斗胆发表一些看法的，而且有时也会碰巧说对那么一两个小问题，这样也就会对学术研究有所贡献。

所以，在这一点上，我是不愿也不能接受《是吗》一文作者的批评意见的，而且今后还要努力继续做下去，不管别人看着顺眼还是不顺眼。这就是我看待治学的基本态度。

以我为例，《是吗》一文的作者，在治学的态度上，还提出了另外一个很有意思的意见，这就是像我这样的人，若是"对于自己不熟悉的东西"胡乱发表意见，必将会"对相关问题的研究造成不必要的障碍和干扰"。这话说得真是有点儿重了。因为这和前面对我这类人学养程度的评定不搭——像我这种人，学养既然如彼低劣，怎么还能给高端的研究造成什么"障碍和干扰"？当然如前所述，按照我的理解，《是吗》的作者这些话并不是小肚鸡肠地仅仅冲着我来的，而是要用我的颈血来行厌胜的法术，以涤尽"出土文物与文献研究"这一学界的邪气妖氛。

前面我已经谈到，"兹事体大"，这不仅是我个人的问题，而是关涉整个文史研究和一个文史学人怎样合理地向前发展的问题，而这是一个具有很大普遍性意义的问题，因而不能不谈谈我的不同看法。

首先，我是很不赞成像《是吗》的作者这样把像"出土文物与文献研究"这样的一些具体研究领域从文史研究的整体中截然分割出来，成为一个壁垒森严的小城堡，住进一些诸如《是吗》一文作者这样的高端专家，然后把门闩一插，自慰自娱，自欢自乐。

众所周知，我进入文史研究领域，"起家"的专业是中国历史地理学。当年一入此行不久，就遭遇某人教训，告诉我这行的规矩，天南地北，江东河西，各自研究各自地盘里的事儿，我不该贸然进入他的领地。当时我年轻气盛不买这个账，加上老师史念海先生还要求我，既然跟着他读书学习，就要把中国各个区域、各个时代、各个方面的历史地理问题都能有个大致的了解，必要时要做到指哪儿打哪儿，这才是一个合格的博士研究生。所以，根本没理他那个茬儿。这么多年来，也一直是想研究哪疙瘩就研究哪疙瘩。

对于历史地理学界一部分人这样的陋习，虽然我不买账，但理解这样的做法是有一定合理性的。这是因为一定的地理区域就是一个"块块"，每一个"块块"总是具有一定的独特性，搞个独立王国自有它的客观基础。想不到在像"出土文物与文献研究"这样的"条条"里，也有人这么想要自成一统。

不过这实在是有些太难了。从学科划分的角度看，"出土文物与文献研究"本来就必然要包含很多学科。这是因为出土的文物和文献只是研究的材料，是很多学科都可以利用的材料，不管是谁，想要独占，都很困难，同时它所"提供的信息"又必然会"越出"任何一位学者"自身知识和研究"的

"界限"，因此不管是哪一个学科研究它的学者，谁也不能包打天下，谁也不能从所有角度把这些"出土文物与文献研究"都做得十分透彻，我相信《是吗》一文的作者自己也做不到。

当年我跟史念海先生读学位，学到的基本研究方法，是"读书得间"，就是在阅读史籍的过程中，发现问题，提出问题，解决问题。这就意味着在阅读史籍的过程中很可能会发现自己主要研究的学科之外的问题，并就自己所能，做出研究，像我近年出版的《建元与改元》《制造汉武帝》《海昏侯刘贺》《中国印刷史研究》《发现燕然山铭》以及刚刚出版不久的《生死秦始皇》等书，就都是这样（《雒阳武库钟铭文辨伪》这篇文章也是这样）。而且我自信，这些研究也都多多少少解决了一些问题，并且大多还都是前人反复探讨却一直未能做出通畅解答的问题。

我觉得像这样切入一些似乎是"跨学科"的相关学术问题，实际上是符合学术研究的内在理路的。这是因为学术研究的对象，是一个具有内在联系的整体，而学科只是我们为研究方便从不同侧面做出的切割。在文史研究的过程中，遵循"读书得间"的途径，往往会找到更好的切入点，而不管这个切入点在哪儿，不管从哪一个方向切入，只要切入得足够深，最后都会进入同一个核心，得到正确的结果。可是森严的学科壁垒，一定会妨害这样的研究，阻碍可能取得的进步，反而真正"造成不必要的障碍和干扰"，对于像"出土文物与文献研究"这样本来就包含很多学科的综合性研究，尤其如此。

其实只要我们看一看实际发生的情况，就可以知晓，像我这样的"外行"，因为无足轻重，即使写错了，也不会有什么人在意，从而并不会给这个圈子里的专家造成什么"不必要的障碍和干扰"。像前不久我在《生死秦始皇》一书中为说明秦始皇到底是姓嬴还是姓赵的问题，梳理姓氏制度的演变历程，不得不触及商周时期的所谓"族徽"，指出那些东西不可能是什么"族徽"，这虽然也曾引得某些"专家"的强烈不满，但圈子里专门研究这一问题的学者，并没有受到我这种外行说法一丁点儿的影响。

可若是从另一角度看，"出土文物与文献研究"圈子里面那些"自身知识和研究界限"远在"出土文物、文献提供的信息"之上的学者，有时一不留神也可能会犯下很大的错误。譬如，经我辨伪的那件所谓"元朔五年弩"鐖郭铭文，就曾被圈子里一批很著名的专家普遍认作真品。又如前些年国家某极著名文物藏储和展出单位某负责人从潘家园成车买入的赝造古陶俑，还有长江三角洲南部某大学经这些高端专家之手入藏的赝造战国经典，不仅实实在在地给相关研究造成了"不必要的障碍和干扰"，同时还闹出了很大笑话，造成了无可挽回的恶劣影响。

四　结尾的话

各位朋友听我讲上面这些话，或许觉得我太自信，太自以为是了。其实我并没有那么自信，没有那么自以为是。在"雒阳武库钟"铭文真伪的问题上，我的观点完全有可能是彻底失误的。但现在，我看所有各项已知的史料，审度批评者的意见，还是只能坚持旧有的看法。

我觉得，这不是我太过固执，而是研究历史问题，就应该有这样的执着。一个负责任对待学术研究的人，只能如此认真。将来有了新的、颠覆自己主张的证据，再勇于放弃错误的认识，承认自己的谬误，这样才能切实推进学术研究。

关于这一问题的探讨，有好心的朋友诚恳地对我讲，地底下挖出什么新材料，是很难预测的。若是哪一天真的发掘出土了元封年间使用年号纪年的西汉文物，我这些花费很大力气所做的研究岂不前功尽弃？何必非做这样的研究不可？这个问题，对于我来说，涉及治学的根本原则和基本方法问题，所以也有必要借今天这个机会讲一讲。

我在研究中国古代历史问题时，最重视根据部分的、间接的、直接从正面看起来似乎是模糊不清的材料来推断其实际存在的整体面貌。因为我认为这样的研究最有价值，最需要专业史学工作者为之付出努力。当然这样的研究也对研究人员的素质和工作能力提出了更高、更强的要求。这样的推断，难免会有失误，但这是学术认识必然要经历的历程，也是个人研究能力提高和拓展的必由之路。因而于公于私，我都不会选择回避，只能迎着问题向前走；同时在前行的路上，不断提高自己的素养和能力，尽可能减少主观判断的失误。

假如科学的考古发掘，找到了西汉人在现实生活中使用"元封"这一年号的确切证据，那就是我现有的认识彻底失败的时候。不过，在这种情况下，我们就要重新诠释和理解汉武帝时期朝廷使用年号纪年的规则，即至少在其最初启用年号纪年制度的第一个纪元（亦即"元封"这个纪元）里，年号是可用也可以不用的。需要强调指出的是，尤其是在各级官府的公用范围内，若是出现这种情况，将会是十分特别的（像所谓未央宫"骨签"，情况比较特殊，在年号纪年制度启用之后，可能存在在同一批次的制品中，会有某些省略年号而徒以序数纪年的情况，但这应是以与带有年号纪年的同期制品一体共存为前提的）；至少在当前看来，也是颇显怪异的。不过它要是确实存在了，我们也只能就"怪"论"怪"。大千世界，无奇不有，可我们现在还只能按照常人常理来解析历史，研究历史。这就是我们面对历史的无奈。

2019 年 10 月 13 日晚讲说于河北师范大学

所谓"中元二年"银铤铭文辨伪

近日翻检上海博古斋新一期拍卖图录（2019 年秋季艺术品拍卖会拍品图录之《古籍文献·金石书画》分册），其中第 436 号拍品，为所谓"中元银铤"拓片。拍卖图录介绍说："中元银铤为徐乃昌、戚叔玉递藏。"何以知此？盖"拓片旁有赵叔孺小楷题跋，述银锭（铤？）发现缘起"。

同一铭文的拓片，图录上展示的是两幅，一幅拓得好些，另一幅拓得稍差些。铭文中比较清晰的字迹，为"中元二年"四字，在这上面，似乎还有三个字，但笔画模糊，到底是什么字，不大容易准确断定。

赵叔孺先生题跋所述银铤实物的"发现缘起"是这样的："中元银铤，徐积余藏，云近山东出土。"也就是按照藏家徐乃昌（字积余）先生讲述给他的话，这是一件"出土文物"。当然，这个对象到底是从什么样的土坑里鼓捣出来的，那是另一回事儿了。因为徐乃昌先生不大可能自己拿把铁锹到处胡乱挖，"出土"云云不过是古董商贩讲给他的通行套路"故事"

所谓"中元二年"银铤铭文拓片

而已。至于徐乃昌先生究竟是把这枚银铤当作赝品看看玩儿，还是视作真物郑重收藏，今已不得而知。

同样的银铤，赵叔孺讲罗振玉也得到过一枚。可是，我在常见的几种罗氏藏品的簿录中，却没有见到著录，这就未免有些耐人寻味了——这意味着精于此道的罗振玉先生或许并没有把它看作真品。

不过罗振玉先生收藏的那一枚银铤的铭文，每一个字都很清晰，除了带有同样的"中元二年"诸字之外，也同样在这"中元二年"诸字上面另镌有三个字，这三个字清清楚楚——考工所。

西晋司马彪《续汉书·百官志二》记载东汉时期的"考

工令",其职责是"主作兵器弓弩刀铠之属";除此之外,尚"主织绶诸杂工"。与此银铤铭文相较,一者"考工"之署并无"考工所"一名,二者"考工"也并不司掌银币的制作和藏储。

另外,在这里需要特别指出的是,所谓"银铤"并不是汉代应有的东西,它是李唐时期才出现的什物。

在谙熟古代典章制度和器物形制的罗振玉先生看来,这些都应该是明显的破绽(除了两汉史事对他这样的学者自是烂熟于胸的常识之外,如观罗氏《金石跋尾》之"崔慎由端午进奉银铤影本跋",即可知他对古代银铤的来龙去脉也有清楚的了解)。不过,这枚银铤上的铭文,其更直观的瑕疵,应当是铭文字体的形态。铭文中的"中元二年"四字,怎么看也不是东汉时期应有的样子,举目望去,即相当扎眼。我想,像罗振玉先生这样精熟古器物铭文的专家,应该一眼就能够看破其间必定有人做过手脚。

那么,除此之外还有没有别的证据能够表明银铤上的铭文是出自赝造呢?有,这就是像"中元二年"这样的纪年形式,是绝不可能出现在东汉时期作器的铭文中的。

东汉光武帝刘秀的年号,前后有过两个:前一个叫"建武",后一个叫"建武中元"。对此,西晋人司马彪在《续汉书·祭祀志》中有清楚记载,乃谓刘秀"以建武三十二年为建武中元元年"(附带说明一下,"中元"是"仲元"的意思,即以"中"通"仲",就像"仲兴"被汉人写成"中兴"一样。又案梁武帝之"中大同""中大通"两个年号,即取法于东

《蜀郡太守何君阁道碑》拓片
（据徐玉立主编《汉碑全集》）

汉光武帝的"建武中元"，也是"仲大同"和"仲大通"的意思），可是从东晋人袁宏撰著《后汉纪》时起，到南朝刘宋人范晔撰《后汉书》，却都是用简省的形式把刘秀的第二个年号记作"中元"，以致后世绝大多数人都误以为这个年号的正式名称就只有"中元"两个字。

赝造文物的商贩，大多没有太高文化，自然依照《后汉书》等传世文献中简省形式的记载来制作这个年号。就像他们赝造汉武帝太初元年以前的文物一样，都是按照《汉书》的错

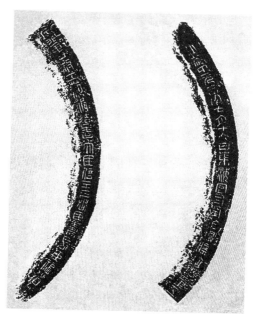

"东海宫司空盘"铭文拓本
（据孙慰祖、徐谷富编著《秦汉金文汇编》）

误记载，一顺水地造出诸如建元、元光、元朔、元狩、元鼎、元封这些当时并不存在的年号，还有像天凤、地皇这样的不准确用法（其完整的本名应分别写作"始建国天凤"和"始建国地皇"）。

然而东汉光武帝当时所制铭文的纪年形式，却很有力也很容易地昭示了《后汉书》等处记载的不准确性。例如《蜀郡太守何君阁道碑》，题署的时间为"建武中元二年六月"；另外在铜器铭文方面，所谓"东海宫司空盘"，也带有"建武中元二年七月十六日"这样的时间注记。年号，乃是一个具有神圣意义的纪年标志。参照这两种铭文的纪年形式，不言而喻，这次上海博古斋上拍的"中元二年"银铤铭文，必出自后人赝造无疑。

至于像赵叔孺先生和戚叔玉先生这些大鉴赏家，人家本来就是赏玩文物的，玩家的潇洒事儿，与学术无关，他们讲的话不必当真；而世上那些收藏金石拓片的人，同样大多只是为了赏字儿练字儿，对铭文真假更完全无须在意。看了喜欢，觉得字儿写得妙，放在床边守着看、读着临就是了，管它是真是假干什么。我在这里辨明它，只是为防止这样的赝品在历史研究中横生枝节，给学人造成不必要的麻烦。

2019 年 12 月 16 日记

由打虎武松看日本国朝臣备的真假

感谢各位热情的朋友，在新年刚刚开始、旧历大年就要到来的繁忙日子里，来到这里，听我讲一些本来没有必要讲的闲话。

今天我在这里和大家交流的内容，是敝人对有关方面新近隆重推出的一方所谓唐墓志的看法。这方唐墓志，就是带有"日本国朝臣备书"字样的那一件所谓《李训墓志》，它镌刻在石头上的正式标题，是《大唐故鸿胪寺丞李君墓志铭并序》。

一 听不到声响的轰动效应

我想，大家既然能够放着新旧年交替之际万方多忙中难得的周末假日不在家里过，特地来到这里，听听我的看法，就一定都很清楚相关部门和人士在推出这方墓志时大力宣传的阵仗以及这一宣传所引起的影响。据说，其影响声势之宏大，已不仅限于中国国内，至少在日本国的新闻界，也对这一"突发"

191

《李训墓志》志盖铭文拓本

《李训墓志》铭文拓本

事件，给予了高度重视。当然，这同参与宣传工作的就有不止一位日本学人也应该具有一定关系。

很多朋友也许没太在意，那一天，是个大日子，正好是刚刚过去的那一年的圣诞节。对于世界上很多地区和国家那些热爱生活的人来说，这是个喜庆的节日，是个欢乐的节日，所以，相关部门在这一天举办所谓"新书发布会暨学术成果公告会"以推出这方墓志，或许是特地选择的好日子，可以给这一"秘宝"增添几分喜气。

不管是不是出于这样的原因，据说，在这次发布会和公告会举行之后，很快就在"海内外引起轰动"（王瑞来《〈李训墓志〉书写者"朝臣备"是不是吉备真备？》，见《澎湃新闻》之《私家历史》，2019 年 12 月 29 日）。王瑞来先生是日本学习院大学的教授，讲这话至少有日本的社会背景。不过王瑞来先生讲的"海外"，恐怕也只限于日本国，并不包括日本列岛之外的其他国家，譬如欧美诸国。

我们看署名"王小燕"者在王瑞来先生讲这话的同一天发表的一篇报道——《中日关系史添新史料：遣唐使吉备真备真迹及其研究成果公布》（《澎湃新闻》之《私家历史》，2019 年 12 月 29 日），文中讲道："此项发布轰动了日本，日本公共广播 NHK 以及各大报纸均于当日进行了大幅报道。"可我在 NHK 中文网页上看到的 12 月 26 日的报道，短短的，只有三百多个字，很专业地复述说："专家指出，该墓志铭很可能出自当时随日本遣唐使一道西渡大唐留学的吉备真备之手"，而具体的专家，唯有"发现该铭文的深圳望野博物馆馆长阎焰"，连专程来参与这次发布会暨公告会的"日本的唐代史研究权威气贺泽保规教授（东洋文库研究员、明治大学东亚古代石刻研究所所长）"提都没提。关于日本学者的态度，NHK 依然只是很职业地写道："这一发现也引起了日本专家的关注。专家认为，由于日本国内尚未发现吉备真备真迹，因此该发现极具重要意义"。平平的，淡淡的，甚至可以说颇有那么几分冷冷的意味，一点也看不出什么"轰动"的气象。另外，在深圳望野博物馆微博上转发的日本《读卖新闻》的即时报道中，情形和情调，也是大体相同。

孰知到新浪网转发王小燕的报道时，标题竟变成了《这项唐朝墓志铭的研究，轰动日本》。这"标题党"搞的，宛如日本国发生了一次大地震或是海啸什么的，呈现在公众眼前的，已是一番举国喧腾的景象。

事实上，除了来华参与这场发布会暨公告会的气贺泽保规先生和刚才提到的王瑞来先生以及日本姬路独协大学的石晓军先生之外（石晓军先生的文章《也说〈李训墓志〉中的"朝臣"》，刊《澎湃新闻》2020 年 1 月 8 日之《私家历史》），到目前为止，日本东洋史学界并没有其他专家发表过看法。我特别注意到，在王小燕的报道里，只字未提应邀出席这次发布会暨公告会的日本"书法团体'瑞云书道会'的理事长曾田成则"先生具体发表了什么看法。我理解，至少从书法技艺角度，这种沉默，是一种慎重，甚至是否定（不是铭文的字迹写得好还是不好，而是它是不是符合那个时代日本来华人员的汉字书写状况）。

这就是我所看到的海外世界对所谓《李训墓志》的实际态度。正儿八经的新闻行业的职责，就是如实报道发生了什么事儿，而不管它是好事，还是坏事，也不管它是热闹，还是冷清。即使真的轰动起来了，我们做学问的，还是要冷静看待，不宜轻易随之起舞，更不能帮着助阵造势。

这是我作为一个专业历史学研究从业人员，对待轰动性新闻事件的看法。为什么？社会分工的原因，使我们这些专业工作者在自己的专业领域负有更多的社会责任。

这个责任，当然首先是学术层面的责任，即我们首先要对学术尽职尽责。在我看来，既然是要对学术忠诚，就应当首先关注我们所要研究的问题，而不宜过分追捧新材料。史料的新与旧并不重要，是我们所研究的问题需要什么史料，就用什么史料。过分强调新史料，强调不在新史料上"预流"，就做不了学问，或是不管怎样努力做了研究也都没有"时代"的意义，往往就会走火入魔。这不仅会把苦心所"预"之"时代潮流"变成魔道妖道，还会使人丧失正常的理智，以致把能工巧匠们小黑屋里新鲜炮制的作品，误认作远古时期的惊天大发现。这样一来，非但不能清楚地认识历史，还会给我们对历史的认识增添很多混乱。

在涉及更多普通公众的社会文化方面，一项信实可靠的历史大发现，本来是激发社会公众关注历史、走进历史的良好

墓志持有者著《日本国朝臣备书丹褚思光撰文鸿胪寺丞李训墓志考》

契机，学者理当及时把握这样的契机，并以这些新发现为切入点，响应社会公众的关注，深入研究相关的历史问题，以向社会公众展示相关的历史知识，让历史学回归社会。可是，若是把当代手艺人的仿制品误认作往古先人的遗物，那就会适得其反，会传播扩散错误的历史知识，把社会公众引入迷途。

稍微了解一点儿中国文物市场状况的人都知道，时下各路手艺人的仿古慕古之作，不仅制作水平日益精湛，而且品种日增，产量日高。所谓辨正祛伪，不胜其烦。俗语云"大路朝天"，大家各走各的道儿就是了。因此，虽然从看第一眼起，我就感觉所谓《李训墓志》应属赝造，但并不想专门花费精力，去做辨伪的工作。自己心里明白而且也简单地公开表明了看法，这也就够了。

可是后来仔细一看王小燕的报道，发现事态是比较严重的，即不仅有包括"日本的唐代史研究权威""明治大学东亚古代石刻研究所所长"气贺泽保规教授在内的中外唐史和碑刻史专家学者对这通刻石铭文的真实性给予了高度的肯定，并且大力阐扬了它的史料价值，而且"该墓志已向深圳市、广东省文物主管单位申报，并经专家组鉴定，正式备案登录入国家文物数据库"。这等于铁板钉钉，正式给这通石刻报上了"户口"。

另外，看到有关部门推出这方墓志的阵势，特别是载录和研究这方墓志的那部书奇特的书名——《日本国朝臣备书丹褚思光撰文鸿胪寺丞李训墓志考》（文物出版社，2019 年 12 月），不禁让我联想到十五年前的一件往事。那是 2005 年 5 月，在日本爱知世博会上，为改善中日关系，有关方面刻意展出了此前一年发现的来华日人井真成的墓志。现在，中日两国之间的关系，又进入了一个很特别的阶段。值此之际，若是一些不明就里的人把它用作增进中日关系的媒介，而它的真实性又存在很大问题，后果就有些不好设想了。

想到这些情况，诚可谓兹事体大，影响深重。这样，便不能不申说一下自己的看法，以供各方面参考了；至少不要轻易闹出国际笑话。

二　真赝先折中于理

《李训墓志》在去年圣诞节这一天郑重其事地向社会公布之后，尽管也有人在网络上一定程度地表示应当更为审慎地排除某些疑惑，可是除了敝人之外，似乎并没有人公开对它的真实性提出质疑，或者说并没有人断然指出这是一件现代赝品。

有些学者，如日本学习院大学教授王瑞来先生，虽然也对墓志持有者的某些解读（如出面"书丹"的"朝臣备"是不是吉备真备）提出质疑，但对这方墓志的真实性并没有丝毫怀疑，甚至还特别强调指出："尽管书写者'朝臣备'究竟是不是吉备真备尚存疑点，但这并不能否认《李训墓志》本身的重要价值。墓志的书写年代本身以及'日本国朝臣备书'的表述，从日本史的视点考虑，无疑已经具有极大的意义。"（王瑞来《〈李训墓志〉书写者"朝臣备"是不是吉备真备？》）其他一些人的议论，也多集中在考察"朝臣备"是不是吉备真备和这一称谓是否符合当时日本的通例这一点上。

这样的讨论，对于准确认识这通刻石铭文固然具有积极的意义，但我认识这篇墓志的首要观察点，却不在于这些具体的写法是不是符合当时的情况，而是先从总体状况出发，来看它是不是符合李唐社会的一般观念和做法。况且当时的具体情况，有许多方面，由于缺乏足够的较为具体的事例，往往不易取得很有说服力的证据。

譬如，王瑞来先生和其他一些学者讨论的"朝臣备"这一题名是不是符合其实际姓氏和用名以及是否符合当时日本人姓名制度的通例这一问题，尽管王瑞来等人并没有因此而否定这通刻石的真实可信性，但若诚实地面对眼前的真实情景，自然可以把它看作是贾人作伪的有力证据，可是固持《李训墓志》为大唐真货观点的那些人，也完全可以用唐世的变例来做解释。相对于日本，唐朝毕竟在经济和文化上具有绝对的优势，根据自己通行的习惯来改易外来夷人姓名的用法，或是夷人入境随俗，自行取汉名替代倭名，这也是完全可以理解的事情。

我看到"日本国朝臣备书"这一题名第一眼后就感到强烈疑惑，是觉得在李唐朝中的官员，尤其是主管外夷的鸿胪寺中的高官，其后人是不大可能选择一位像"朝臣备"这样的日本人来为他的父亲执笔写录墓志铭的。

盖后人为生身父祖请人书写碑志，乃是为先人增光添彩的举措，更是生人的社会荣耀，即如明人姚希孟所云"非名笔书丹，不足以增琬琰之光，发松楸之色"是也（明姚希孟《文远集》卷二五《杨方壶编修》）。所以，唐人的墓志，若非死者亲人书写上石，必尽可能邀请具有较高书法水平和社会声誉、地位的人来执笔施行其事。其实这也是古今一贯的通例，或者说是必然的道理，用不着多做什么论证。

在刚一看到所谓《李训墓志》的片段照片之后，我当即就在自己的微信公众号上发表看法说："所谓《李训墓志》当属赝造"，接着又稍微具体一些讲道："观'日本国朝臣备书'七字即可知《李训墓志》必假。"

很多人不理解这话讲的是什么意思，其实当时我引述的清人陈介祺在论述古器物铭文辨伪原则时讲的下面这样一段话，已经申明了其间的道理，这就是：

> 古学之长，必折衷于理，博而不明，不能断也。辞赋之胜，亦必以理；汉学之杂，必择以理。读古人之字，不可不求古人之文；读古人之文，不可不求古人之理，不可专论其字，窃向往之而愧未能也。（陈介祺《簠斋鉴古与传古·辨伪分论》）

我认为《李训墓志》是一件赝品，首先遵循的就是陈介祺讲的这个"古人之理"。

陈介祺手批伪铭拓本
（据《簠斋鉴古与传古》）

　　具体地讲，这个"古人之理"，乃是在所谓大唐盛世，相对于外围诸国，唐王朝是具有绝对的领先地位和至高无上的优越感的。观《旧唐书·日本传》记吉备真备等人入唐事时所说"开元初，又遣使来朝，因请儒士授经。诏四门助教赵玄默就鸿胪寺教之，乃遗玄默阔幅布以为束修之礼，题云'白龟元年调布'。人亦疑其伪。所得锡赍，尽市文籍，泛海而还。其偏使朝臣仲满，慕中国之风，因留不去，改姓名为朝衡"云云，一派轻视的口吻，这自是出自唐朝官方的载籍。检《唐会要》卷一〇〇"日本国"条下纪事，正与此相同，可证《旧唐书》的记载乃渊源于此，而这反映的乃是唐人通行的观念。

　　在这种情况下，我们看"日本国朝臣备书"这一题名，自然就会思考：像李训这样的朝廷命官，其后人又有什么理由非去请一个倭国岛夷来书丹不可？这实在太难以想象了。换句话来说，也许大家更容易理解，即若是出现由日本人执笔书写墓志这样的事儿，就完全不像是皇皇大唐盛世应有的情况，而更符合上世纪七八十年代国门初开之际华夏居民对待东洋来客的观念和举止。

　　更何况若是把这个书写者落实为吉备真备的话，他还只是一个微不足道的"留学生"，在唐朝，可以说几乎是没有任何社会地位的。观李训身膺的鸿胪寺丞一职，是从六品上的朝廷命官，而日本留学生吉备真备之所受学的四门助教赵玄默官仅从八品下（《旧唐书·职官志三》），也就是说连老师都与李训的地位相差很多，更不用说他所教授的外来"留学生"了。

因而，在我看来，李家后人特地邀请吉备真备或是其他任何一位普通的日本入唐留学生来为李训书写墓志铭文，都实在是一件不可思议的事情。这不是什么唐朝人的国际性强弱和开放胸怀大小的问题，乃是实际社会地位高低使然，而这一点，古今一贯，是人之常情，事之常理。

做学问，研治古代文史，我耳边常常回响的，是孔夫子讲的那句浅显易懂的话，即"道不远人，人之为道而远人，不可以为道"也。我看待所谓《李训墓志》的真假，最先入手着眼的地方，就是这么浅显的人情事理，而不是什么"朝臣备"的写法和这个人的笔迹到底对与不对——那些都是不易弄明白的细琐小节，这个才是难以逾越的大道理。

要是连这么浅显的人情事理都讲不通，我就有理由怀疑它的真实可靠性。关于这一点，清人方东树在《书林扬觯》中讲述辨伪之术时也曾有所论述，乃谓之曰：

> 读古书而能别其真伪者，一在以其义理之当而知之，一在以其左验之异同而质之。余按二者相须不可偏废，今之为汉学考证者，专主左验异同而全置文义不顾。（《书林扬觯》卷下）

这"专主左验异同而全置文义不顾"一语，实实在在地正切中清代很多所谓考据学家治学的根本弊病。今天我们看待所谓《李训墓志》的真伪，首先要审视的，也应该是其整体"文义"

天地之大也人猶有所憾憾恨也天地至大無不覆載人尚有所恨焉況於聖人能盡備之乎故君子語大天下莫能載焉語小天下莫能破焉語猶說也所說大事謂先王之道也所說小事謂若愚不肖夫婦之知行也聖人盡行之詩云鳶飛戾天魚躍于淵言其上下察猶著也言聖人之德至於天則鳶飛戾天至於地則魚躍於淵是其著明於天地也君子之道夫婦造端乎夫婦及其至也察乎天地謂四之道造端乎夫婦及其至也察乎天地子曰道不遠人言人道不遠於人人之為道而遠人不可以為道人即不遠道不能行也詩云伐柯伐柯其夫婦則不遠執柯以伐柯睨而視之猶以為遠詩云伐柯伐柯其則不遠夫匹婦之所知所行也執柯以伐柯所知所行之猶以為遠則不遠人將以為柯近以柯為又寸之法比法不遠人尚遠之明為道不可以遠也故君子以則法也言持柯以伐木將以為柯近以柯為法故君子以

清张敦仁仿刻宋本郑玄注《礼记》

这个大道理；特别是在墓志持有者公布之初，绝大多数人尚且无法看到完整、清晰的墓志拓本的情况下，学者们评判这通刻石铭文，尤其要首先关注这个大道理。换个角度讲述这一态度，那就是学者治学，要把书一页一页地连着读，并不能只是挑拣个别字句跳着看。

更进一步看，假若暂时抛开"朝臣备"的社会地位高低不管，"日本国朝臣备书"这一题名形式，同样很不合乎情理。

这是因为"日本国朝臣备书"这七个字太过于突兀，即徒以国名冠加于人名之上，这样的表述太过含糊。不拘古今中外，若是单看"日本国"这个国名，并不足以标明其身份地位；再同上文所题"秘书丞褚思光撰文"这几个字相对照，就会更容易理解这一点：即这里的撰文者和书丹者本是相互对举的两件事儿，前者既有标记身份的职衔，后者也理应要有相应的内容。要是没有，就意味着这样的题名存在严重问题，存在着赝造的可能；若是再考虑到撰文者褚思光这个秘书丞从五品上的官阶（《旧唐书·职官志二》），光着身子就上来书写志文的东夷之人"朝臣备"，其身影行迹就变得更加可疑了。

各位朋友，我今天讲演的题目，是"由打虎武松看日本国朝臣备的真假"。这个"打虎武松"，出自武二郎在血溅鸳鸯楼后蘸着人血写在白粉墙壁上的那八个大字："杀人者，打虎武松也"。为什么他不只写"武松"而要特地记明这个人是"打虎武松"？这就在于"打虎"者是武松的身份标志，若没有这样的身份标志，他的社会地位也就含糊不清了，特别是这样做并不符合当时的习惯。参照《水浒传》中描述的这一情况，再来审视"日本国朝臣备"这一题名，大家也就更容易理解这种题名形式的不合理性了。

我说"观'日本国朝臣备书'七字即可知《李训墓志》必假"，除了由"日本国"人来书写墓志铭文这一点完全不合乎情理之外，更深一层的含义，即在于此。而所谓《李训墓志》既假，再来纠缠"朝臣备"这个人是不是吉备真备以及这一姓名称谓形式是不是符合日本的实情，似乎也就没有多大必要了。

三　虚实再辨之以文

由"日本国朝臣备书"这一不可思议的题名而推断所谓《李训墓志》出自赝造，是我第一眼看到这篇墓志铭文时就产生的想法，而接着在网上大体看到墓志铭的全文之后，则更深地增强了我对这一判断的自信。

通观这篇铭文，其最明显的罅漏，是伪撰者避实就虚，尽量往空了写，尽量回避墓主的具体行事。这是因为实事不好写，照着相关的东西抄，是没有其独特价值的，也很容易被人查到袭用的来源；而若是胡乱编造，则更容易露出马脚。不过即使这样虚着写，空着写，今人想要做出古人的文章，也是一项几乎无法完成的困难事，稍一不慎，就会显现作伪的破绽。

其空洞无物的句子，如一开篇叙述李训世系，乃云"出自陇西，为天下著（著）姓"。单看这两句话，好像也算通顺，可遗憾的是，李训夫人真实的墓志，先前已经出土，若是对比《李训夫人王氏墓志》铭文中称道"陇西李公"乃"兴圣皇帝十叶孙也"的说法（刘莲芳《唐〈李训夫人王氏墓志〉考释》，刊《碑林集刊》第十辑），虚实的差异和怪异，就很明显了（附案所谓"兴圣皇帝"是唐天宝二年追赠给西凉武昭王李暠的尊号）。而且往实处写，文句很自然；蹈空的话，就显得很扭捏。盖唐朝皇室，血脉出自陇西，这是他们一贯的说法，也是一个不容置疑的基本事实（参据朱希祖《驳李唐为胡姓说》《再驳李唐氏族出于李初古拔及赵郡说》，见朱氏《中国史学通论》），如《旧唐书·高祖本纪》即谓"其先陇西狄道人，凉武昭王暠七代孙也"，所以，李训这个"兴圣皇帝"十世之孙，岂不是地地道道的龙子龙孙，乃是天下第一姓，何止仅仅"著姓"而已。

在网上大致读到《李训墓志》的全文之后，我在自己的微信公众号上讲述说，这篇铭文"其文辞之陋劣，超乎想象。在我看来，对于稍读过唐人墓志，稍读过唐人文章的人，这是一目了然的事情"，现在大家一定会问：我这话具体指的都是些什么呢？

举例来说，譬如，墓志称李训"弱冠以挲脚调补陈留尉，未赴陈留而吏部君亡。君至性自天，柴毁骨立。礼非玉帛，情岂苴麻。惟是哀心，感伤行路"，这话讲得虽然大体无误，谁也不能说唐朝人就绝对不能这样讲，但"至性自天，柴毁骨立。礼非玉帛，情岂苴麻。惟是哀心，感伤行路"云云这些话，可以随便放在任何一个丧父之子的身上，不管他是孝与不孝，真感伤还是假感伤。可是墓志下文并没有记述一句李训如何行孝的事实，而且他也没有因为依礼服丧对其仕途造成什么不利的影响，那么，在这种情况下，墓志铭中又写这么一大段废话干什么？还有什么"以有道之时，当用人之代，骥足方骋，龙泉在割，岂不伟欤？"。——这些话同样空洞无物，同样没有附着实在的行事，同样几乎可以用到任何一个人身上，也可以说是同样的废话。

这么无聊的写法，与墓志铭撰文者"秘书丞褚思光撰文"的身份能相符吗？此等文笔，李训家人还需要特地请他来撰写铭文吗？这谁还不能写、写给谁不都是一样吗？试看褚思光所服事的秘书监，乃是"掌邦国经籍图书之事"（《旧唐书·职官志二》），大家就会清楚，这是个需要读书有文化者来执掌的差事，而看了上面这样一些虚泛无实的内容，便可知所谓《李训墓志》显然不可能真的是出自"秘书丞褚思光"的笔下。

不管怎么说，尽管都是些空话、废话，但单独看这些句子，大体上还是能够读得通的，而我说"其文辞之陋劣，超乎想象"不光是因为这些似乎通顺的空话、废话，而是因为所谓《李训墓志》中还确有"不通"的地方。

譬如，志文说李训"少有异操，长而介立。好学所以观古，能文不以曜世。故士友重之，而时人不测也"，这"不测"

二字，用得就颇显怪异。我读书很少，因少见以至多怪，乍一看这两个字，竟给我一种墓主即将遭受某种不幸的预感。不过稍一定神，就明白我自己想多了，也想岔了，上下文连起来读，绝不会是我想的那个意思。这里所说"不测"，只是"不知""无晓"的同义语，也就是世人对李训的才华缺乏了解。

这话讲得通吗？单看好像也没什么毛病，但却很虚，连起下文来看，就很"不通"了。因为依照世上绝大多数人行文的正常逻辑，在"时人不测也"句下，应当描述墓主怀才不遇的遭际，可我们在墓志下文看到的文字，却是"弱冠以䡾脚调补陈留尉"。这是什么概念？须知唐朝那些青灯黄卷长年苦读才考中进士的书生，其入仕之初，得到的，最高也不过就是个县尉或者说往往还不能马上就得到县尉这个职位！

譬如，这方墓志的持有者，在《日本国朝臣备书丹褚思光撰文鸿胪寺丞李训墓志考》一书的前言中提到，就在李训去世这一年，颜真卿以二十六岁的年龄，"进士及第"登甲科，而《新唐书·颜真卿传》乃记述其起家官职说："开元中，举进士，又擢制科。调醴泉尉。"唐代另一大文豪白居易，"贞元十四年，始以进士就试，礼部侍郎高郢擢升甲科，吏部判入等，授秘书省校书郎。元和元年四月，宪宗策试制举人，应才识兼茂、明于体用科，策入第四等，授盩厔县尉、集贤校理"（《旧唐书·白居易传》）。须知这两个人都是在常科进士考试中式后再参加制科考试，才得以获取一个县尉的。

相比之下，李训其人，以弱冠之年而又未经科举，轻轻松松地就"调补"到了同样的官职，而且还是在中原腹地陈留这么好的地方——还有什么时人之"测"与"不测"可言？一定要说"不测"，只能说是天上掉下来一块谁也没想到的纯肉馅的大馅饼，而这显然不是志文所要表达的意思。在我看来，这样的文句，实在"不通"之至！

更"不通"的词句，还有"天与其才，不与其寿"这两句话。

尽管李训的"才"，我们在墓志铭中连一丝一毫也没有看到，但他的"寿"，在墓志铭中终归是要清楚交代的，这是写墓志的规矩——李训是"享年五十有二"。

问题是，这"五十有二"的年龄，在古人的眼里，称得上是"不寿"吗？《礼记·王制》记古代养老之制云："凡养老，有虞氏以燕礼，夏后氏以飨礼，殷人以食礼，周人修而兼用之。五十养于乡。"而五十之年之所以会有这样的礼遇，是因为常人"五十始衰"。正因为如此，礼制才需要"五十杖于家"，"五十不从力政"，"五十而爵"。杜甫《逃难》诗有句云"五十头白翁，南北逃世难"（《杜工部草堂诗笺》卷四〇），显然也是以五十老翁自居。在这样的时代背景下，活到五十二岁的李训，怎么还能说苍天苛待其人而"不与其寿"呢？须知这篇墓志铭文所标示的执笔人"秘书丞褚思光"正是"掌邦国经籍图书之事"的官员，岂能不明《礼记》的典制？我们看《李训夫人王氏墓志》记述乃夫是"无忧"而卒，平平常常，并没有看到任何不得其年的迹象，这也佐证了《李训墓志》上述说法实际上是毫无来由的。

同样令人感到突兀的是，在"享年五十有二"这句话的前面，还有"梁在厦而始构，舟中流而遽覆。呜呼，子罕言命，盖知之矣"这样一段词语。

上文中最后这句话，典出《论语·子罕》，即所谓"子罕言利与命与仁"，司马迁在《史记·外戚世家》的小序里讲述"夫妇之际，人道之大伦"时，也谈到了这一点。太史公乃谓之曰："礼之用，唯婚姻为兢兢。夫乐调而四时和，阴阳之变，万物之统也。可不慎与？人能弘道，无如命何。甚哉，妃匹之爱，君不能得之于臣，父不能得之于子，况卑下乎！既欢合矣，或不能成子姓；能成子姓矣，或不能要其终。岂非命也哉？孔子罕称命，盖难言之也。非通幽明之变，恶能识乎性命哉？"把上述两点结合起来，再联系《史记·外戚世家》所载述的后宫嫔妃们的人生际遇以及前面"梁在厦而始构，舟中流而遽覆"那两句话，"子罕言命，盖知之矣"这两句话，无非是说孔子因人生命运叵测而罕言天命，即谓天意高而难问，竟无端殒折李训其人的寿命。可是如上所述，李训年逾五旬而亡，在古时本是平平常常的事儿，前文也没有讲述他有什么宏大的抱负没有来得及施展，或是有什么过人的才学没有机会呈现于世，因而，对于李训来说，是没有什么缘由来发出这么强烈的感慨的。

尽管我们在一些唐代同等年龄人的墓志中也可以看到相同或者类似的用法，但通观上下文句，这篇《李训墓志》的用法，还是感慨过于强烈也过于空疏了，即把空虚的套话作叙事的言辞用，让人感觉十分牵强。

总之，通篇铭文，是没有书写什么实事儿而多莫名其妙地空发感慨，语句间又往往缺乏有机的联系，而这正是伪作赝造才会出现的情况。

四　当李鬼遭遇李逵

这么分析所谓《李训墓志》的来由，在座的很多朋友可能还是觉得论证得比较虚，会以为我谈的这些都只是蹈空袭虚的"理"而没有"实锤"。

大家有这样的想法很正常，人们对我谈论的这些"大道理"，往往会做出不同的理解。所谓学者，就是这样一群妙不可言的人。他们各有各的理，道理再好，思路再对，你也只能跟明理的人讲，同对路的人谈。要是两股道上跑的车，走的不是一条路，言者努力越大，听者和你的距离还会更远。

所以，在这里还需要稍微花费一点笔墨，做一点儿实打实的"考证"。

虽然我审辨这篇石刻铭文的主要着眼点和基本出发点是其在文本、文句表述形式这方面的"文理"，不过"文理"若是不通，"文义"更难造作得十分周详，免不了会留下一些无法掩饰的"赃证"，也就是所谓"硬伤"。

这在很大程度上也可以说是古代铭文作伪难以突破的困

境。不是作伪者不用心，而是文字内容太复杂了。时过境迁之后，实在难以再造出古人的言语文字，所谓"语多必失"，这是没办法的事儿。

我既然相信自己的看法在"大道理"上站得住脚，再静下心来逐句察看其具体内容，就不难发现，作假者留下的"硬伤"还是显而易见的，而且这样大刺刺的"硬伤"还不止一处。所以，下面我就捡几处鲜鲜亮亮的"疤痕"，给大家展示一下作假者留下的"伤口"有多么扎眼。

一是避讳的方法。由于想要伪充唐人的墓志，作假者很容易想到要像那么回事儿似的回避李唐皇帝的名讳。

制作包括古代铭文在内的各种假古董，已经是我们这个时代里这个国家相当成熟的一种产业，制作者的基本素养，也已达到一个较高的水平。所以，像时日干支、避讳称谥这类基本常识，其稍习门径者，通常即不会弄出大错。

可是一般了解是一回事儿，要想完全做好，有时也不大容易。特别是赝造者往往会自以为是，随意增添点花样，以便显得更纯更真更有特别的价值，结果反而弄巧成拙，露出马脚。

让我感到奇怪的是，这篇铭文中因回避唐太宗李世民的"世"字，做了两种不同的处理：一是阙笔，如"能文不以曜世"和"道足经世"的"世"字，都阙笔书作"卅"形；二是换字，如"当用人之代"和"弃代云亡"这两个句子里的"代"字，显然都是由"世"字替换而来。同一篇文字，为什么会把平平常常的避讳搞得这么复杂多样？若不是有意把它做得更花哨一些，就是在仿自或是录自不同来源的唐人碑刻，把不同文稿中两种不同的避讳方式拼凑到同一篇墓志铭中，所以才会出现这种"杂烩乱炖"的现象。

二是墓志叙述李训故世和安葬地点的文字，也就是下面这段话——"开元廿二年六月廿日，以疾终于河南圣善寺之别院，即以其月廿五日权殡于洛阳感德乡之原"，这里存在着相当严重的问题。

首先，依照当时一般的礼制，即韩愈所称"殡于堂则谓之殡，瘗于野则谓之葬"（《昌黎先生文集》卷一四《改葬服议》），即所谓"殡"本来是指正式下葬之前的暂时停柩之举，通常是在生人居止的城乡村镇，而不是野外墓地，此志文称李训"权殡于洛阳感德乡之原"并附有正式的墓志，则应该是下葬于唐东都洛阳郊外的墓地。其间问题有：其一，若是以"殡"称葬，唐墓志中虽亦间有其例，但极少见，一般来说，这不符合韩愈所称唐制。其二，若谓李训"权殡于洛阳感德乡之原"是正式下葬，那么，在他故世之后十六年死去的夫人王氏，却是被安葬在了关中的鄠县，夫妻一直东西分葬于两地，这很不正常；而且在李训夫人王氏去世之前，他们的长子李伭还曾经一度"徙居东洛"（《李训夫人王氏墓志》），完全有机会迁葬乃父于关中却未迁，这显得很不合乎情理，也非常费解。

其次，李训以"开元廿二年六月廿日"逝世，仅仅五天之后的同月二十五日，即被"权殡于洛阳感德乡之原"，这实在太过于急促了。通观唐人墓志，不管是传世文献中留存的文稿，还是从地底下挖出的刻石铭文，都是很难看到这种情况的。

检《礼记·王制》所记古代丧葬礼节，是"天子七日而殡，七月而葬；诸侯五日而殡，五月而葬；大夫、士、庶人三日而殡，三月而葬"。《左传》隐公元年的记述，与此稍有不同，乃谓"天子七月而葬，同轨毕至；诸侯五月，同盟至；大夫三月，同位至；士逾月，外姻至"。二者殡柩之日长短的差别，只是士人的殡期是三月或是一月。

《旧唐书·吕才传》载唐太宗时，鉴于"《阴阳书》近代以来渐致讹伪，穿凿既甚，拘忌亦多，遂命（吕）才与学者十余人共加刊正，削其浅俗，存其可用者。勒成五十三卷，并旧书四十七卷，十五年书成，诏颁行之。（吕）才多以典故质正其理，虽为术者所短，然颇合经义"，《吕才传》中且"略载其数篇"，其叙《葬书》，在引述《左传》的说法之后，述云：

> 此则贵贱不同，礼亦异数。欲使同盟同轨，赴吊有期，量事制宜，遂为常式。法既一定，不得违之。故先期而葬，谓之不怀；后期而不葬，讥之殆礼。此则葬有定期，不择年月。

审其文义，吕才的意见，应该是依照《左传》的原则，在停殡一定的期限之后，就不再拘泥于阴阳时日等当时社会的"拘忌"而及时下葬，因而他还特别强调，当时的实际情况，是"野俗无识，皆信葬书，巫者诈其吉凶，愚人因而徼幸。遂使擗踊之际，择葬地而希官品；荼毒之秋，选葬时以规财禄"，也就是若不按照《左传》以来的传统来安葬死者，停殡待葬的时日，将更加长久。

参照《旧唐书·吕才传》记载的情况，愈可知李训仓促下葬的情况，明显违背一般的礼制和习俗，同时也是违情背礼的。

第三点，《李训墓志》说他"以疾终于河南圣善寺之别院"而没有附加其他说明，这一情况，殊为可疑。即堂堂朝廷命官，又不是出家的僧人，怎么会无缘无故地命终于佛寺？更为重要的是，《李训夫人王氏墓志》明确记载说："开（元）廿二载，李公无忧卒于鸿胪丞之官舍。"即李训本来是猝死（这是我对"无忧"的诠释，可能并不准确）在长安城中鸿胪寺的办公室里，根本不是"以疾终于河南圣善寺之别院"——这可以说是所谓《李训墓志》出自今人赝造的一项铁证，足以彻底戳穿这通刻石的真相。

附带说明一下，我这篇讲稿，原稿写成于1月6日晚上。这篇讲稿的撰写以及我最终决定公开阐述一下我对所谓《李训墓志》的看法，都与《新京报·书评周刊》李夏恩先生的怂恿和鼓励具有密切关系。

如上所述，我从网上看到第一眼时起，就已认定这通刻石铭文必定出自赝造，因而也就不想花钱去买墓志持有者郑重出版的那部《日本国朝臣备书丹褚思光撰文鸿胪寺丞李训墓志考》。可李夏恩先生特地从网上邮购了一本，又把它转寄了给我。

当我收到这部奇书的时候，已经是 1 月 9 日下午两点多的时候。打开一看，读我唯一感兴趣的内容，即通过墓志持有者在《澎湃新闻》上刊出的《我为什么认为〈李训墓志〉中"朝臣备"就是吉备真备？》一文（见《澎湃新闻》之《私家历史》2020 年 1 月 2 日），我已得知这位仁兄是读到并且研究过《李训夫人王氏墓志》的，因而我很想看看，他到底如何解释《李训墓志》与《李训夫人王氏墓志》在李训故世地点上这一抵牾的。

结果，是既令我大失所望，更令我大吃一惊：虽然他在书中大量引述了《李训夫人王氏墓志》的内容，书中还附有这篇《李训夫人王氏墓志》的拓本，可却对墓志铭文中最为重要、也最为关键的李训故世于"鸿胪丞之官舍"这一记载避而不谈。我想在这里需要指出的是，日本《读卖新闻》的记者竹内诚一郎，在报道此事时提到，相关人员已经通过并观李训夫妻两人墓志的内容，认定《李训墓志》确属真品（《读卖新闻》2019 年 12 月 25 日《吉備真備の筆跡？ 中国に碑文》）。这当然只能基于在墓志发布会暨学术成果公告会上所获得的信息；至少墓志持有者在《日本国朝臣备书丹褚思光撰文鸿胪寺丞李训墓志考》这部书中是明确谈到了这一点的。因而这也告诉我们信息发布者和与会学者的态度是非常耐人寻味的。

我在这里要强调指出，《李训夫人王氏墓志》虽非考古发掘出土，但是它出土的地点是有清楚记载的（刘莲芳《唐〈李

《李训夫人王氏墓志》拓本

训夫人王氏墓志〉考释》），而且墓主的身份和经历以及志文镌刻的字体都平平常常，卖不上什么价钱，因而不会有人去刻意赝造。按照《李训夫人王氏墓志》记载的情况，写下这篇志文的李训长子李侹，在其父去世六年之后的开元二十八年，就已经"从仕西京"，也就是在长安城里做官了，因而当他父亲去世的时候，李侹总应该有十几岁大了，是绝不会在墓志铭里记错乃父亡故的城邑和具体场所的。

在我看来，按照正常的逻辑，即使没有任何唐代历史的专业素养，这世上任何一个看热闹的人，以《李训夫人王氏墓志》这件墓志真货来比对鉴别，便足以立刻判定《李训墓志》的真假，就像李鬼遭遇李逵一样，事情并没有那么复杂；更何况这方《李训墓志》的个头儿就比同类真货小不少，一看就不是那么回事儿，不像《水浒传》里那个李鬼，远处瞧也俨然"一条大汉"似的，还能吓跑个把"孤单客人"。

尾声：重瞰大模样

我在前面讲的话，也就是我对这篇刻石铭文的认识，是从相关历史文化背景的"大道理"着眼，也是从这个大背景出发的，现在还是让我们回到这个大背景下，重瞰一下它的"大模样"。

其实在不符合唐代常规这一点上，莫过于其志石的规格了。所谓《李训墓志》，只有35厘米见方，明显小于唐朝同等身份人士的墓志。作为工艺品，固然小巧可爱；可若是作为真品而论，则可以说这是赝造者留下的最为显著的破绽。换句话说，仅仅凭借这一点，我们就有充足的理由将其视作赝品。

在前面，我注意到应邀出席这次发布会暨公告会的日本"书法团体'瑞云书道会'的理事长曾田成则"先生，并没有在会上对这方墓志发表任何看法。这不禁让我揣测：在熟知日本书道史的一些书法艺术研究者看来，假如吉备真备或是其他任何一位名叫"朝臣备"的来华"留学生"，在唐玄宗开元二十二年的时候，若是能够写出这方墓志所体现的书法水平的汉字的话，是不是应该或直接或间接地在日本留下一些与此相应的墨迹；至少是对这个人精湛书法技艺的文献记载？可是，从近期公布这方墓志之后相关人员的讨论中我们就可以看到，情况显然不是这样。

尽管墓志持有者把他的专书题作《日本国朝臣备书丹褚思光撰文鸿胪寺丞李训墓志考》，不仅书名中这长长一串人名非常奇异，而且这一长串人名的排列次序还一反常规（常规的顺序，当然应该是先提墓主，次及执笔撰文之人，最后才轮到誊录书写这篇文字的书手），显然是在极力彰显书写者"日本国朝臣备"的身影（按照我的看法，这一点正是墓志造作者所期望的卖点），可在很大程度上足以代表日本新闻界状态的 NHK 的报道，还是那么专业，那么审慎，也那么冷静。

这个日本书道史的大背景，也是我们在思考所谓《李训墓志》真伪问题时不能不在意的一个"大道理"，而这方墓志若是真的，就一定不会与这个"大道理"相抵触。

上面我谈的《李训墓志》的这些"毛病"，单独看其中某一项，那些专门跟你抬杠的人，或许都能做出与敌人不同的解释，但我研究历史问题，一直很喜欢借用统计学上的一个定律来为自己说话——这就是"小概率事件，在一次试验中是不可能的"，也就是那么多巧事儿都凑巧赶到一起，在实际生活中是不可能发生的。

简单地说，今天，我的结论是什么呢？——吉备真备当然是个日本国历史上的真人，或许，在某些特定的情况下，他也可以把自己的名字写作"朝臣备"，但载录着"日本国朝臣备"署名的这块志石，却毫无疑义是由当代中国人赝造的；更确切地说，应该是发明洛阳铲的乡亲"自我作古"的成果。

谢谢大家。最后，在这里给各位拜个早年，愿我们在新的一年里，生活中尽可能少一点儿山寨货；即使某些小民为生活所迫非做不可，也尽量别去赝造古代的铭文或是其他文字著述，这种活儿不好干，别太为难自己，也少给学术研究添烦添乱，况且天下毕竟还是有明眼读书人在的。

> 2020 年元月 6 日草稿
> 2020 年元月 9 日改定
> 2020 年元月 12 日晚讲说于三联韬奋书店

【附】所谓《李训墓志》录文

大唐故鸿胪寺丞李君墓志铭并序

公讳训，字恒，出自陇西，为天下着姓。曾祖亮，随太子洗马；祖知顺，为右千牛，事

文皇帝；父元恭，大理少卿兼吏部侍郎。君少有异操，长而介立。好学所以观古，能文不以曜世。故士友重之，而时人不测也。弱冠以辇脚调补陈留尉，未赴陈留而吏部君亡。君至性自天，柴毁骨立。礼非玉帛，情岂苴麻。惟是哀心，感伤行路。服阕，历左率府录事参军，太子通事舍人，卫尉主薄、鸿胪寺丞。以有道之时，当用人之代，骥足方骋，龙泉在割，岂不伟欤！而天与其才，不与其寿。梁在厦而始构，舟中流而遽覆。呜呼，子罕言命，盖知之矣。享年五十有二，开元廿二年六月廿日，以疾终于河南圣善寺之别院，即以其月廿五日权殡于洛阳感德乡之原。夫旃以书名，志以诔行，乃勒石作铭云：

洪惟夫子，灼灼其芳。道足经世，言而有章。亦既来仕，休闻烈光。如何不淑，弃代云亡。其引也，盖殡也，用纪乎山岗。

　　　　秘书丞褚思光撰文　　　　　　日本国朝臣备书

由《井真成墓志》看所谓《李训墓志》的真伪

　　我认为所谓《李训墓志》出自今世贾人赝造，主要是出自历史研究的一个"大理"——这就是它是不是符合那个时代的一般观念和做法，而在我看来，"日本国朝臣备书"这一衔名题写形式，是完全背离唐朝的实际情况的，因而其必假无疑。

　　所谓不符合唐朝的一般观念和做法，大体包括两个方面。

　　一是吉备真备或者是另有一位什么"朝臣备"，作为普通的日本留学生，并没有资格，为大唐王朝的从六品上官员鸿胪寺丞李训来运笔书写墓志；也就是说，他不够格。

　　二是退一步讲，即使这位日本人基于某种特殊的因缘真的会出面为李训书丹上石，他也一定要记明自己的身份，而不会像我们看到的这样，竟然只写上个"日本国"三字作为头衔。这也就意味着他是啥行头都不穿，光着膀子上来为一位朝廷的官员挥毫作书的。这是古今中外都不可能出现的事儿。

　　这就是我的道理。对与不对，都很正常。对于我来说，读书做学问，有了想法就大声说出来。要是说错了，就是自己的认识不全面，还有局限，继续读书学习就是了。这很正常，也很平常。

不管别人认同还是不认同，我自己认为，上述两点，就是论述这一问题最重的"实锤"，这也就是我在《由打虎武松看日本国朝臣备的真假》那篇讲稿里引述清人陈介祺的话所讲的"读古人之文，不可不求古人之理"。这个"古人之理"，就是我讲的那个时代的一般观念和做法。反过来再说一遍，这个"大理"就是我所说的最重的"实锤"。有了这一锤，也就够了，其他都是可讲可不讲的了。

若是不懂这个"大理"而还要求我提供什么其他的"实锤"，我不知道这些人想要的东西究竟是什么。一件事，背离一个时代的基本观念和通行做法，它不是假的，还能是什么呢？这就像唐朝人一般不会艳羡日本的装束去穿和服，现在冒出一幅唐玄宗上朝图来，满廷文武大臣一水儿日本人打扮，这不是假画还能是啥？难道非像武松一样在白粉墙上蘸着人血写明"杀人者，打虎武松也"不可？要真是那样，明晃晃地尽人皆知，那还要学者来做研究干什么？

关于这一问题，不可思议的人物和想法太多。但我做学术研究，会有自己的着眼点和认识基准。

有人找到墓志中某些内容与相关史事吻合，就认为没有赝作的可能。可赝造古代文物和铭文的匠人贾人，目的是想把作品做得像，而不是做得不像。做得不像的是次品废品，做得像的才是成品。就像道高一尺、魔高一丈那句俗语所讲的，这些做假货的人，水平也是日渐精湛，做得越来越好。特别是电子检索技术的普及，使他们很容易查找到相关的知识乃至通用的语句，假活儿也就越做越像真货。所以，我并不想花费功夫，在那些细节上一一考证辨析。因为他们做对了，或者说是做像了，也很正常，这并不奇怪。

不过市场的规律，总是物以稀为贵。古董行业，尤其如此。当整个行业的制作水平总体提升之后，大家做得都像了，也就意味着谁也卖不上多大价钱了。于是，就要有特别的卖点。

所谓《李训墓志》，赝作者的卖点，就是来华求学的日本人吉备真备。赝造者把吉备真备题写为墓志书丹上石的写手，这虽然足够新奇，足够引人注目了，可却失去了历史的依托——在唐朝的历史上，根本不会发生这样的事儿。

在这一方面，可以直接对比分析的对象，是那方《井真成墓志》。

井真成是和吉备真备同期来华求学的日本"留学生"；或者按照韩昇先生的看法，他是先于吉备真备回国后又在开元二十一年（733）重新来华的日本遣唐使团的"总判官"。这样，其社会地位又会比留学生高出很多。可是我们看那方《井真成墓志》，尺寸狭小，只有30厘米见方，比这方小得令人惊奇的《李训墓志》还小；文字内容，也是草草几句套话，而且连这方30厘米见方的志石也没能凑满，还剩下有十分之三左右的空地。这显然是敷衍了事。

《井真成墓志》志盖

《井真成墓志》志文

需要特别指出的是，井真成逝世，时为唐玄宗开元二十二年，翌年下葬，而就是在井真成去世的这一年，"日本国朝臣备"为李训书写了墓志。

我们不妨思索一下，唐朝人若是特别尊崇或是重视来华求学的日本人，那么，井真成就不应该有那么草率的墓志铭；反过来看，既然《井真成墓志》如此草率，那么，唐朝的鸿胪寺丞李训在去世之后，他的家人就没有请吉备真备或是其他入唐日本留学生来为乃父志石书丹的道理。

换一个角度对比分析，我们还可以看到，所谓"日本国朝臣备"或是吉备真备的书法技艺，若是像《李训墓志》的文字那样"高明"，那么，当他的本国同胞井真成在长安城里去世的时候，他为什么不去替他书志上石呢？他的字，连鸿胪寺丞李训都配得上，难道还配不上自己的日本同学吗？为同胞同学书写志文不是一件顺理成章的事吗？

考虑到这些不可思议的"怪现象"，使我愈加相信，去年底印行的这方《李训墓志》，只能是一件赝品。

当然，这里讲的还是清人陈介祺讲的那个"古人之理"。现在的高人，未必能懂，当然也更不会信。

2020 年 1 月 21 日晚记

《李训墓志》降生的故事

　　关于所谓《李训墓志》，不管是学术界还是新闻界，不管是大力赞赏并努力推出它的专家学者，还是热情期盼历史大发现的普通群众，人们都只是聚焦于它所爆发出来的"新史料"。可我从看到这个东西时起，就一直在想：它是怎么来的呢？

　　想这个，是琢磨着制造它的人是怎么卖出来的，或是这种仿古工艺品流通过程中其他什么人怎么利用它来牟利。

　　这样想，是因为判断一件来路不明的文物是真是假，内行虽有科学的标准，甚至是科学的仪器，而在绝大多数情况下，像我这样的外行，却可以运用一个简单的经济法则：售价应明显高于制作的成本。换句话来表述，就是除非为了炫技，为了证明自己的手艺如何能够轻而易举地瞒天过海，他们是不做赔本买卖的。

　　我的老师黄永年先生家里放着一方唐墓志。那是一个人送给他的。那是他在陕西师大图书馆工作的时候，张罗替图书馆收了几个敦煌卷子（15元一个，卷子首尾完整），卖卷子

《李训墓志》外形
（据阎焰《日本国朝臣备书丹褚思光撰文鸿胪寺丞李训墓志考》）

的人感激不尽，用它来表达一番谢意。这墓志，我相信一定是真的。

遗憾的是，现在的持有者是花多大价钱得到这方《李训墓志》的，这显然是个商业秘密，人们也不便去问，问了恐怕他也不会说。

那么，还有没有其他判断法则呢？还有一个，就是可靠性要打一些折扣，不那么准，但起码可以作为一个重要的参考指标。我有限的考古学、文物学常识，绝大多数，都是从"央视"那里获取的。看"央视"亮宝鉴宝，我总结出一条规律：文物的来源越充满故事性，越可能被出镜的专家定为仿品赝品。

现在我们来看《李训墓志》降生的故事，这是墓志持有者（以下简称"持有者"）在《日本国朝臣备书丹褚思光撰文鸿胪寺丞李训墓志考》这本书里讲的（原谅我一边复述，一边加点儿旁批）：

原来的藏家，是一位"书法收藏爱好者"。【旁批：这个行道，不敢说，也说不清】其"家生变故"，不得不忍痛割肉，以缓家难。起初想把几方石头墓志和一堆拓本一起卖，"持有者"欣然应诺：买！【旁批：玩儿过文物的人或许都明白，该出手时就出手，不然，大好的机会，没准儿也可能会逝】

情况突然又变了：藏家家难太急，其他东西都不得不急速出手了，"持有者"没赶上。【旁批：收藏界就是一个遗憾连着另一个遗憾的小世界】

幸好，这方《李训墓志》，因其"精美"而被"珍重"留在手边【旁批："书法收藏爱好者"当然"甚爱书法"】，家难这么急，这么需要钱，可还是没卖。【旁批：过山车，这太刺激买家的心脏了。不过，好东西才能卖上大价钱，买家一定也懂这个道理。因缺钱救急才不得不忍痛割肉，却又留下好东西不卖，这"书法收藏爱好者"到底是缺钱还是不差钱儿，未免让人有些糊涂】

除了外观"精美"之外，还有，这位"书法收藏爱好者"——"目测原石很特别，志末落款'日本国朝臣备书'"。【旁批："书法收藏爱好者"讲得随随便便，好像只是随口一说。可是言者无意，听者有心】

"持有者"当然要为此感到"震惊"！【旁批：这也是必然的，换了我，也会震惊。刻不容缓，这回必须火速采取行动！】

情况是——"（'持有者'）马上复信友朋可否获得图像

或者拓本资料以确认"。【旁批：这是很正常的步骤，花大价钱买宝贝，总得看看长的是什么样】

可是——"友复，此志石，为藏家心爱，没有拓本和图照，在沽售多年搜存解困后，唯留此一志存念"。【旁批：（1）既然家中的困顿已经纾解，为什么最终又出手卖给了"持有者"？（2）在我这个书法棒槌看来，这位"甚爱书法"的"书法收藏爱好者"为什么不捶拓一份拓本以供自己欣赏临摹其书法，这是我没法弄明白的道理——看拓片总会比对着石头看要舒服一些吧。他们"书法收藏爱好者"那个圈儿真是不可思议】

好了，《李训墓志》降生的故事，说到这里也就够了。

类似的故事，不仅在"央视"的鉴宝节目里常常看到，对于研究历史的人来说，还有很多堪称"神异"的往事，像"天命玄鸟，降而生商，宅殷土芒芒"……

当然，耶稣也是降生在马槽里。

不说了。

哦，对了，那位"书法收藏爱好者"说："此志为早年得自洛阳厂肆市场的收藏爱好者之手"。

有始有终，该知道的，大家也就都知道了。

2020 年元月 10 日晨记

题明嘉靖刻《重修郓城玄武庙记》

　　山东菏泽甄史斋主人潘建荣先生惠予当地碑刻拓片数纸，此为其中之一。该碑上截已经毁失，仅存下部。故仅读碑文，时代、地点均不得其详，须待再征询潘建荣先生始得确定。

　　我读书无多且亦不谙碑版文字，即此残存文字，亦颇有难以辨识者。所以下面出示的录文，不过略存其仿佛，以便展读而已。

　　其中第一行最上端"廪丘"二字拓本不够清楚，判读可能很不准确。又第八行"风木"之"风"，"凡"形下面的部分，似"日"非"日"，似"耳"非"耳"，不管怎样，实际与"虫"字字形的差别都很明显。这里姑且将其书作"风"字，系根据上下文意推测，或为"风"字异体，乃将所在文句读为"感风木之衰"。还有"待诏丹……"之"丹"字，字形也比较特别，是不是确属"丹"字，也不敢完全肯定。

　　另外，这个碑名也是我勉强拟定的，说不定与其实际名称相差甚远。

碑文拓本

若是脱离乡土具体情况来做一般性考察，这通碑文并没有什么重要的史料价值。其间稍微引起我注意的有如下两点。

一是本来隶属于道教系统的玄武庙，至迟在明嘉靖年间此番重修时，已经转变成了佛家的寺院，而且里面居住的还是女尼。中国的民间信仰，至明清时期，儒、释、道三教合一的情况，日渐加重，而实际上更多的是以佛教为主，是佛家侵蚀儒、道二教。郓城玄武庙使用状况的这一变化，也是其表现形式之一。

二是碑文中"忽听西楼钟自鸣"这句话，说明这座所谓玄武庙的钟楼是在大殿前面的西侧。

过去我曾撰写《谈唐代都邑的钟楼与鼓楼——从一个物质文化侧面看佛、道两教对中国古代社会的影响》一文（收入拙著《旧史舆地文录》），以唐代为核心，很粗略地梳理了中国古代钟楼和鼓楼的相对位置关系。

在这篇文章中，我得出的基本结论是：在中国古代的世俗社会，通常是以东鼓楼、西钟楼为定制，而外来的佛寺，在唐代是以东钟楼、西经藏为定制。这种佛寺制度，很快被道观所仿效。至南宋时期，在一部分介于佛、道两教之间的世俗祠庙，率先出现了融合道教宫观和世俗祠庙这两种建置布局形态的东钟楼、西鼓楼配置形式，情况开始发生重要改变。其后，在元朝的道观中也比较普遍地采用了这种新的布局形态。进入明代以后，这种布局形式又被佛寺接纳成为通行的定制，并在清代发展成为佛寺、道观和世俗社会三方面共同行用的配置

□廉丘北拱燕闕西鄰帝堯之風東接宜尼之化郡民欬萃寅常真一方之
□玄武廟一所鍾樓鐙熾戟門雄偉櫺檻華藻斗拱寅緣廟立之後遠近香火
生者英才輩出是故盤溝之樂雙巋而身掛印帝古之張右山而待詔丹
廷而勸著海內者皆斯神之靈氣所鍾也奈何遽巡日久斯廟類壞神無所
□信萃粲人之資興莫大之功神形將像煥然大備金相玉映煥乎文明之
非鑿明德惟馨報之者固不有期
人皆索文於余余抱終天之恨感風木之衰悲切於孝文之下因感愚生
□消息忽聽西樓鍾自鳴余切致意於靈氣所在而不敢有所辭也自是
文明之盛者

濮陽儒生　王崇仁書

主持尼僧　德玉
　　　　　正能
　　　　　張寶
石工　　　李紀
　　　　　王世昌

依残碑原式录文

□〔廉丘？〕，北拱燕闕，西鄰帝堯之風，東接宜尼之化，郡民欬萃，風異常真，一方之
□玄武廟一所，鍾樓鐙熾，戟門雄偉，櫺檻華藻，斗拱寅緣，廟立之後，遠近香火
生者，英才輩出，是故盤溝之樂雙巋而身掛印，帝古之張右山而待詔〔丹？〕，
廷而勸著海內者，皆斯神之靈氣所鍾也。奈何遽巡日久，斯廟類壞，神無所
□信起愿念。闊之者輔興善心。於嘉靖三十年以來，斯廟類壞，神無所
者皆愿念之資，興莫大之功，神形將像，煥然大備，金相玉映，煥乎文明之
非鑿，明德惟馨，報之者固不有期
人皆索文於余，余抱終天之恨，感〔風？〕木之衰，悲切於孝文之下，因感愚生
□消息，忽聽西樓鍾自鳴，余切致意於靈氣所在，而不敢有所辭也。自是
文明之盛者

濮陽儒生　王崇仁書

主持尼僧　德玉
　　　　　正能
　　　　　張寶
石工　　　李紀
　　　　　王世昌

标点录文

规则。

同时我也指出，这只是一个非常粗略的轮廓，不仅有一些关键问题需要进一步论证，而且还有很多具体的细节，有待逐一展开。这当然需要检阅大量文献，特别是宋元以来的典籍和古代建筑遗存，不是短时间内所能做到的事情。我在《谈唐代都邑的钟楼与鼓楼——从一个物质文化侧面看佛、道两教对中国古代社会的影响》这篇文章中所做的工作，实在粗疏过甚，不过是略开端绪而已。

现在我们看郓城玄武庙在明嘉靖年间重修之后，还有"西楼钟鸣"之事，可知当时在这座由道观蜕变而来的佛寺当中，钟楼还是设在殿廷的西侧。这实质上是在沿承唐代以前世俗社会的传统配置形式，与我所讲明代钟鼓楼的通行布局形态，具有重大差异。

假如我初步总结的明代钟鼓楼配置形式在总体上尚且大致不误的话，郓城玄武庙钟楼这种状况，真不知道说它古雅是好，还是应该说它落伍过甚。当然，也可能是我过去的看法并不符合历史实际，需要推倒重来。

不管怎样，一座看似普普通通的钟楼，却很具体地显示出历史发展的复杂性。研究历史问题，不能只是关注总体的规律性特征，还要更多关注各项具体事物的独特之处。历史研究的魅力，更多地存在于诸多细节的观察解析之中。

最后附带说句闲话。当年初从黄永年先生学习历史知识未久，永年师就说我的名字像个和尚师傅的法号，但我不明白"德勇"二字怎么就会像吃斋念佛人喜欢用的称谓。现在看看这方石碑上镌刻的"主持尼僧德玉",觉得确实像是一家人,好像真的有些缘分。

2017 年 11 月 15 日记

天马腾骧金裹蹏
——谈谈刘贺墓出土的所谓"马蹏金"

这次来郑州，正赶上我的新书《海昏侯新论》即将出版，旧作《海昏侯刘贺》也与之配套，即将印出统一装帧的新的精装本。所以，我就在这里，和各位朋友谈谈即将与大家见面的这本《海昏侯新论》中论述的一个问题——就是所谓"马蹏金"（或是书作"马蹄金"）。

在海昏侯刘贺墓出土的大量物品中，黄澄澄的金子，最为引人注目。一枚枚圆形的金币，一片片矩形的金版，光辉灿烂，耀人眼球。这些文物在各地的巡回展出，能够吸引大批民众前往参观，我觉得首先就是因为这灿灿金光。

不过在各种各样的黄金制品中，最为特别的，应属所谓"马蹏金"。海昏侯刘贺墓出土文物在北京展出时，我特地到首都博物馆，现场做了观摩，亲见诸多看客，在所谓"马蹏金"的展台前驻足不动，且指指点点，议论纷纷，兴趣是相当的浓厚。这是因为这所谓的"马蹏金"不管是作为一种贵重的货币，还是把它看作高级工艺品，形制和纹饰都非常特别，很精

海昏侯刘贺墓出土所谓"马蹄金"

美。爱美之心，人皆有之，长得好了，看的人就多，这是很自然的事情。人如此，文物也是这样。

问题是作为一种古代的遗物，人们喜欢它虽然不需要任何理由，但专业史学工作者则有必要，更有责任和义务为普通社会公众提供更为具体、更为确实也就是更加符合历史本来面目的信息。

在中国，作为考古工作者，特别是各个地方的考古工作者来说，由于所执行的"任务"，头绪繁多，并且具有极大的不确定性，今年做的是夏商周三代，明年发掘的就很可能是唐宋明清不知哪一个朝代的遗址，这个工作是极为艰辛也极其杂乱的，因而很难静下心来，从事某一特定时期、特定领域问题的研究，更不用说专注精力于某一特定的问题了。

但是，作为利用各种文物所做的展览，以及整个文物研究领域，相关从业人员，却有责任也有条件把工作做得更细致一些，更周全一些；或者说，应该更加专业一些。然而，全面的情况，姑且不论，在所谓"马蹄金"的称谓这一问题上，实际的情况，却很不理想；或者说距离可能做出的解说和社会公众的殷切期望有很大一段差距。当然，在我看来，很多学者对整个海昏侯刘贺墓室这一重大考古发现和墓中文物的认识，同样如此，所谓"马蹄金"的称谓问题，不过是其中一项特别"光彩夺目"的事例而已。

"马蹄金"这一称谓，见诸各种新闻报道，这当然首先出自发掘这一遗址的考古工作者。作为一种俗称，其来有自，至迟从唐朝初年人颜师古开始，就有这样的叫法。如前所述，从事这一遗址发掘的考古工作者，面对出土的巨量文物，也是不可能在短时间内对其一一加以详细研究的，因而他们直接援依这一称谓是很正常的，也是无可非议的。

同样的西汉黄金制品，以往也有过零星的考古发现，而且不止一次；若是上溯到遥远的历史时代，在传世文献中最早述及这一点的人，便是刚刚提到的唐朝初年人颜师古。颜师古在注释《汉书》时，说当时人"往往于地中得马蹄金，金甚精好，而形制巧妙"。后来像北宋的沈括等许多人都谈到过类似的情况。

古往今来，各方面学者对这些发现都发表过一些看法，晚

深圳河南出土文物展上的"马蹄金"

敝人在深圳河南出土文物展的"马蹄金"展台前

近以来更做过很多研究，但在两个重要的方面，似乎都还存在较大深入精准认识的空间。这两个方面，一是所谓"马蹄金"的正确名称及其象征意义，二是它在西汉黄金货币构成中的地位以及相关的历史渊源。这次海昏侯刘贺墓室成批出土的所谓"马蹄金"以及相关的黄金制品，本来为人们进一步推进相关的认识，提供了一个很好的机会，可是，我们看到的实际情况，却并不十分理想。

首先是关于这种黄金制品的名称。不管是在南昌，还是在北京等其他地点举办的海昏侯墓出土文物展览，直到中央电视台拍摄的专题报道和纪录片，都是将其称作"马蹄金"。十几天前我在深圳参观河南出土文物展（题作"大象中原——河南古代文明之光"），展台上陈列的河南襄城出土的两件同类黄金制品，也是标记为"马蹄金"。

可是，它的实际名称，却应该是"裹蹄金"。

那么，"马蹄"和"裹蹄"有什么区别或是说用哪一个名称究竟又有多大差别呢？答案是区别很明显，差别也相当显著，甚至可以说是"天差地别"的两码事儿。

说"裹蹄"同"马蹄"相比，可谓"天差地别"，是因为"裹蹄"之名得自一匹"天马"。

事情发生在汉武帝元鼎四年的秋天，有个河南南阳的人，名叫"暴利长"，他遭受朝廷的刑罚，被发配到敦煌去屯田，在一条名为"渥洼水"的河边，从成群的野马中逮住了一匹野马。

当时的情景，大家不妨闭上眼睛想象一下：河南南阳从很早起就是一个很富裕也很繁华的地方，这位老哥一下子被发配到那么一个荒僻的地方，干苦活儿，还没什么好玩儿的娱乐活动，而那一带本来就出产野马，于是寂寞难耐的他就去套匹野马玩玩。这事儿本来平平常常，没什么大不了的。

可是我们这位河南老乡没那么百无聊赖，他有很实在的目的：边塞刑徒的生活，实在苍凉凄惨——他是想早一点儿离开那个鬼地方，是想把这匹野地里的野马当作自己返回故里的"回乡证"。

各位朋友可能感觉很奇怪，不就是一种平平常常的野生动物吗？长得虽然跟人工畜养的"家马"有点儿不一样，可也差不了多少。马就是马，家马是马，野马终究也还是马。所谓"白马非马"，那不过是诡辩家的胡说八道。一个来自南阳的刑徒，又不是西域来的"大幻师"，怎么就能把这么一匹野马变成"回乡证"呢？

时也，势也。人值非常之时，世逢非常之势，就能够创生连顶级"大幻师"也无法营造的人间奇迹。

那么，这位河南老乡遇到了什么好时势呢？

就在元鼎四年暴利长捕捉到这匹野马的前一年，也就是元鼎三年，汉廷出现了一项亘古未有的大事件，这就是《史记·封禅书》记载说：

> 有司言元宜以天瑞命，不宜以一、二数。一元曰"建"，二元以长星曰"光"，三元以□□□□□曰"朔"，四元以郊

得一角兽曰"狩"云（附案以上文字经过敝人校订，与今本《史记》原文不尽相同）。

即朝廷有关部门提议，纪年的形式，不能再像以前那样用一元、二元、三元、四元的形式来称谓已经过去每隔六年就改换一次的四个"纪元"，而是要用某种"天瑞"，把汉武帝即位以来的第一个纪元改称为"建元"，第二个纪元改称为"元光"，第三个纪元改称为"元朔"，第四个纪元改称为"元狩"。汉武帝采纳这一建议，用以追记过往的四个"纪元"，所谓年号纪年制度由此进入萌生阶段，但这时还没有在现实生活中采用年号来纪年。

按照《史记·封禅书》上述记载，"元狩"这一年号的命名缘由，是汉武帝于其第四个"纪元"的第五年（也就是所谓"元狩五年"）在雍这个地方祭天时曾获取一头"一角兽"，而结合《史记》《汉书》其他记载，可知这种"一角兽"是指"白麟"，也就是白色的麒麟（详见拙著《建元与改元》）。这白色的麒麟是什么，现在我们实在说不清楚，甚至究竟什么是麒麟也没有人能够说个明白，只是历代相传，都以为它是一种神兽。根据古人对麒麟形态的描述，不妨把它想象成某种因基因突变而"白化"了的鹿类活物。

分明是地上跑的白麒麟，却被汉武帝视作"天瑞"。这件五年前发生的事儿，显然对我们这位河南老乡捕捉野马的行为产生了重大影响。不难想象，他要是也能弄这么一头独角白麒麟，汉武帝一定会对他大大地奖赏一番；至少将功抵罪，立马会放他回家，与亲人团聚。遗憾的是，这独角白麒麟太稀少了，实在难得一见，着急也没用。

其实这位河南老乡心里明白，"白麟"这种想入非非的东西在世上是根本找不到的，那不过是皇帝自欺欺人的传说而已，自己得动脑筋琢磨替代品。"白麟"找不到，野马却可以天天见。那么，平平常常的野马，怎么能派上独角白麒麟一样的用场呢？也许是我们这位河南老乡的名字起得太好了：钱财的"暴利"虽然不知道得到还是没得到，好运却真的紧跟着他"长"，结果，是他获取了更大更实的"利"。

《汉书·武帝纪》记载，在汉武帝获取那匹"白麟"之前三年也就是元狩二年的夏天，"马生余吾水中，南越献驯象、能言鸟"。这余吾水是北方草原上一条河。在谭其骧先生主编的《中国历史地图集》上，我们看到，它就是现在鄂尔浑河右岸的支流土拉河，汉代的单于庭也就是今天蒙古国的首都乌兰巴托就在这条河的岸边。当时汉朝正连年出征匈奴，双方打得不可开交，所以不会是匈奴像南越献象献鹦鹉那样把这匹生在余吾水中的马献给了汉朝，只能是这件奇闻引起了汉廷的高度重视，而《汉书》这一记载也显现出汉廷对优良马匹的热切渴求。

在元狩二年"马生余吾水"之后六年、我们这位河南老乡在渥洼水岸边捕捉野马之前两年的元鼎二年，张骞出使乌孙归来，带回来几十匹乌孙的良马，而在张骞返回汉廷之前，汉武帝以《易》占筮，即已卜得"神马当从西北来"。于是，在得到张骞带回的那些优良马匹之后，就把这些马称为"天马"（《史记·大宛列传》《汉书·百官公卿表》）。

余吾水中生出奇马来的传说，再加上张骞带回"天马"的事实，我们的河南老乡暴利长应该都有所知闻，不然我们就很难理解他为什么会去捕捉渥洼水边跑来跑去的野马了。更为不可思议的是，在逮住这匹野马后，他还"欲神异此马，云从水中出"（《汉书·武帝纪》唐颜师古注引汉魏间人李斐说）。这不是在逢迎上意是干什么？清楚显示出这位暴利长先生是在投当朝皇帝之所好，献媚求赏。

两年前，汉武帝本来就已经强指乌孙"凡马"为"天马"，可这些马毕竟只是张骞从乌孙牵回来的，这不仅张骞知道，天下所有人也都知道。这些"胡马"，种是比汉朝的"土马"好些，可确实一点儿也不神异。虽然慑于前朝赵家人那里传下来的一尊淫威，子民们嘴上不敢说什么，但大家心里都明白，是鹿就不是马，就像"胡人"不是"天人"一样，"胡马"也绝不是"天马"。因此，汉武帝刘彻心里也会有点儿囧。

就在这个当口儿，我们这位河南老乡献上了所谓"水生"的野马。这事儿办得真可心，真是正当其时，妥妥地维护了大汉天子的神圣权威。

于是，我们看到，紧接着，在这下一年的元鼎五年，汉武帝在这一年年初的十一月辛巳朔旦冬至之时，"立泰畤于甘泉"，并于此亲自祠祀"太一"尊神，下诏曰：

朕以眇身托于王侯之上，德未能绥民，民或饥寒，故巡
祭后土以祈丰年。冀州脽壤乃显文鼎，获〔荐〕于庙。渥洼
水出马，朕其御焉。战战兢兢，惧不克任，思昭天地，内惟
自新。诗云："四牡翼翼，以征不服。"亲省边垂，用事所极。
望见泰一，修天文禩。(《汉书·武帝纪》)

汉武帝刘彻这回真的是拼了。为了让百姓子民瞧一瞧此马非凡
马，他竟然大着胆子骑了上去。大家可千万别笑话他这位真龙
天子"战战兢兢"的屄样子，那可是一匹刚逮到不久的野马，
把野马驯化成任你骑、由你跨的家马，不是那么简单的事儿。
不管是谁，骑野马都不是闹着玩儿的事儿，要不是必须维护他
这一尊天子的尊严，刘彻也不敢试。

请各位注意，汉武帝在这道诏书里，还提到了"冀州脽壤
乃显文鼎，获〔荐〕于庙"这件事情。"脽"字的意思，本来
指人的屁股。谁都知道，屁股是鼓起来的一块肉。由此引申开
来，后来人们也用这个词儿指平地上穹然凸起的低丘高阜。汉
武帝在这里说的"冀州脽壤"，指的是汾阴后土祠旁边的丘阜。
《汉书·武帝纪》在记载暴利长此番获马之事时，还先提到了
后土祠旁获得宝鼎一事，其文曰"(元鼎四年夏)六月，得宝
鼎后土祠旁。秋，马生渥洼水中"。就是因为这个"宝鼎"或
是"文鼎"(实际上应该是一项上古文物的新发现，当地出土
了一件古鼎)，汉武帝后来沿用上一年确定的办法，把这个纪
元追记为"元鼎"。由前面的叙述可以看出，他显然也是把这

次出土古鼎之事解释成了一种和获麟一样的"天示瑞应"。

正因为如此，《汉书·武帝纪》在元鼎四年秋"马生渥洼水中"这一纪事的后面，紧接着又记述说，武帝随即指令词臣"作《宝鼎》《天马之歌》"。这当然是讲汉武大帝为后土祠旁新得之鼎和渥洼水中所生之马而命人赋词作歌。汉武帝指令词臣写下的这首《天马之歌》，全篇见载于《汉书·礼乐志》，词曰：

> 太一况，天马下，沾赤汗，沫流赭。志俶傥，精权奇，籋浮云，晻上驰。体容与，迣万里，今安匹，龙为友。

显而易见，这匹出处神异的野马，在汉武帝眼里，已经幻化成为一匹天马；或者更准确地说，是汉武帝很愿意相信它是一匹天马。

现在我来解释一下，"太一"是天帝的别名，唐朝人颜师古在注释《汉书》时解释说，"太一况，天马下"，是讲"天马乃太一所赐，故来下也"，这就明确地把得自渥洼水中的野马神化成了天帝赐下的神马，而与其相匹配的生物，只能是龙，故歌词以"龙为友"作结。这样的神马，也不妨姑且称之为"龙马"。《天马之歌》歌词中的"籋浮云"，曹魏时人苏林释之曰："籋音蹑，言天马上蹑浮云也。"（《汉书·武帝纪》唐颜师古注）这是讲天马在云上奔驰的生动形态。1969 年甘肃武威雷台东汉墓出土的所谓"马踏飞燕"铜奔马，其马足下踏飞鸟，亦即犹如腾空蹑云，从中可以仿佛领略汉武帝令人歌咏的天马形象。

只有充分了解并准确认识这样的历史背景，我们才能明白海昏侯刘贺墓室出土的这些所谓"马蹄金"究竟是怎样一种黄金制品，明白《汉书·武帝纪》中如下一段文字蕴含的旨意究竟是什么：

> （太始）二年春正月，行幸回中。三月诏曰："有司议曰，往者朕郊见上帝，西登陇首，获白麟以馈宗庙，渥洼水出天马，泰山见黄金，宜改故名。今更黄金为麟趾、褭蹏以协瑞焉。"因以班赐诸侯王。

这就是历史文献中关于所谓"马蹄金"最原始的记载，而上面的文字，一清二楚，写的是"褭蹏"而不是"马蹄"。

那么，究竟什么是"褭蹏"、什么是"马蹄"，二者之间究竟又有什么区别？翻检常用的辞书，如《汉语大词典》，我们会看到"褭"字的本义，是"以丝带系马"，由此引申出来的语义，乃"代称马名"，亦即某一种马的名称，例如古有"要褭"一称，指的是"骏马"。尽管"骏马"不能等同于所有的马匹，但若是将这一称谓稍加泛化，那么，在今天，把"褭蹏"写作"马蹄"（或"马蹄"），似乎也大致说得过去。

然而，东汉人应劭，在注释《汉书·武帝纪》时，即曾描述"褭蹏"之上载负的"要褭"之马说："古有骏马名要褭，赤喙黑身，一日行万五千里也。"（《汉书·武帝纪》唐颜师古注）一天跑上一万五千里，这不是天马，也是天马；不是神马，也是神马了。上面讲述的历史背景更清楚告诉我们，渥洼水中"生"出的这匹"天马"，是绝不能与普通的马匹等量齐观的。

前面引述的《汉书·武帝纪》，谓汉武帝在元鼎五年十一月辛巳朔旦冬至祠祀太一时即已着重讲述了宝鼎、天马两大天瑞的意义。现在，事隔十七年之后，太始二年阳春三月发布的这道铸造"褭蹏金"的诏书，更清楚宣称"西登陇首获白麟"和"渥洼水出天马"都是上天难得一现的祥瑞，同时"泰山见黄金"也算得上是一大祥瑞，所以汉武帝才会"今更黄金为麟趾、褭蹏以协瑞焉"。具体地说，就是汉武帝为了向社会昭示上天赐予的这三大祥瑞，特命铸造了"麟趾金"和"褭蹏金"这两种"特种纪念金币"：以"麟趾金"来协和"西登陇首获白麟"这一天瑞，以"褭蹏金"来协和"渥洼水出天马"这一天瑞。理解这一点，就不难判明，"褭蹏"的"褭"，应是特指汉武帝所说的"天马"，它和"麟趾"的"麟"一样，都是上天赐下的祥瑞，绝不能混同于世间的凡马。

由此可见，"褭蹏金"是一个特定的专有名词，有着特定的象征意义，是无论如何也不能写成"马蹏金"（或"马蹄金"）的。若是像现在这样，将其随便写成"马蹏金"（或"马蹄金"），我们河南老乡暴利长帮助汉武帝"制造"的这匹"天马"，就沦落风尘，成了普普通通的"凡马"，这不是"天差地别"是什么？当然更重要的是，这样也就完全湮没了当时特定的历史含义，广大社会公众也就无法透过海昏侯刘贺墓室出土的这一大批"裹蹏金"实物来认识汉武帝其人和他统治之下的那一个时代，无以知晓在金光灿灿的"裹蹏金"背后我们河南老乡暴利长还发挥过至关重要的作用；甚至可以说没有我们这位河南老乡就不会有"裹蹏金"。大家看所谓"马蹏"与"裹蹏"这一字之差重要不重要。

元朝人洪希文，曾经檃栝这一典故，用"天马腾骧金裹蹏"这样的诗句，来形容赵孟頫墨迹的灵动姿态（《续轩渠集》卷五《题学士赵子昂近帖》）。总结上面的论说，我想，或许可以借用此语来形象而又简约地说明汉武大帝创制这一黄金制品的历史缘由。凭借这一诗句，大家也可以在观览海昏侯刘贺墓出土文物时更好地理解"裹蹏金"的历史内涵。

至于"裹蹏金"在西汉黄金货币构成中的地位以及相关的历史渊源，今天我就来不及讲述了，感兴趣的朋友，可以去看我即将出版的《海昏侯新论》。在这部新书里，我尝试对相关问题做了比较详细的论述。当然书中还谈到其他一些有关刘贺和刘贺墓出土文物的问题，希望能够给大家提供一些有益的帮助。

最后附带谈两句我老本行历史地理学方面的事情——这就是关于河西四郡的始置年代问题。

所谓"河西四郡"，是指河西走廊上的武威、张掖、酒泉、敦煌这四个郡。这四个郡，是汉武帝派遣张骞"凿空"之后，西汉王朝在这条孔道上设立的一些地方政区。

这河西四郡并不是同时设置的，关于其设置过程，晚近以来先后有张维华、劳幹、施之勉、日比野丈夫、周振鹤等人相继发表了越来越深入的论证（相关情况可查看拙译日比野丈夫著《论河西四郡的建置年代》，见刘俊文主编《日本学者研究中国史论著选译》第九卷；周振鹤著《西汉政区地理》），不过由于相关记载过于模糊，现在仍有很多可以进一步探索的余地。

在河西四郡当中，酒泉郡设置最早，几乎是绝大多数学者的共识，但酒泉郡到底始设于何时（这在很大程度上也就意味着河西四郡始设于何时），不同学者之间，出入很大。有人说是元狩二年，有人说是元鼎二年，还有人说是元鼎六年，可又谁都拿不出"实锤"作证据，都是在做间接的推论。

现在我们通过河南老乡暴利长在渥洼水旁抓野马的事儿，可以确切证明：至迟在汉武帝元鼎四年的秋天，汉廷一定已经在河西走廊上设立了酒泉郡。不然的话，我们这位河南老乡就不会被朝廷发配到那里去屯田，他也就没有机会给汉武帝逮到"天马"了（虽然关于这个问题，全面的论述，还需要做很多工作，但我愿意以此为契机，切入其中，将来对此做出更为深入的研究，或许能够提出一个更加完备的解释方案）。可见，并不像现在很多人说的，连"神马"都是浮云，往事并不如烟。追踪我们这位河南老乡的脚步，可以看到很多历史的真实面目，并不仅仅是黄澄澄的金子而已。

2019 年 5 月 25 日下午讲说于郑州松社书店